Un Guide de L'utilisateur pour Tecno Pova 6 Pro

Un Guide Ultime pour Libérer Tout le Potentiel de Votre Appareil

William C. Wills

© **2024 par William C. Wills.** *Tous droits réservés. Aucune partie de cette publication ne peut être reproduite, distribuée ou transmise sous quelque forme ou par quelque moyen que ce soit, y compris la photocopie, l'enregistrement ou d'autres méthodes électroniques ou mécaniques, sans l'autorisation écrite préalable de l'éditeur, sauf dans le cas de brèves citations incorporées dans des critiques critiques et dans certaines autres utilisations non commerciales autorisées par la loi sur le droit d'auteur.*

Contenu

Introduction..4
  Présentation du Tecno Pova 6 Pro..................4
  Objectif de ce Guide de L'utilisateur...............9

Commencer...13
  Déballage et Configuration Initiale................13
  Navigation dans L'interface Utilisateur.......... 17
  Personnalisation des Paramètres.................. 23

Caractéristiques Matérielles....................30
  Explorer le Design du Pova 6 Pro................. 30
  Maîtriser L'affichage et les Commandes
  Tactiles.. 36
  Tirer Parti du Puissant Processeur..............41

Logiciels Essentiels...................................47
  Présentation du Système D'exploitation
  Android..47
  Applications Préinstallées et Leurs
  Fonctions...52
  Gestion des Notifications et des
  Autorisations...58

Appareil Photo et Multimédia.................64
  Capturer de Superbes Photos et Vidéos........ 64
  Édition D'images avec L'application
  Appareil Photo de Tecno...............................69
  Profiter de la Musique, des Vidéos
  et des Jeux.. 74

Connectivité et Mise en Réseau............ 80
    Wi-Fi, Bluetooth et Données Mobiles........... 80
    Configuration des Points D'accès et
    du Partage de Connexion............................... 84
    Dépannage des Problèmes de Connectivité.. 88

**Autonomie et Optimisation de
la Batterie... 94**
    Maximiser les Performances de la Batterie... 94
    Conseils pour une Recharge Efficace............. 99
    Techniques D'économie de Batterie............. 103

Fonctionnalités Avancées...................... 110
    Mode Multitâche et Écran Partagé............... 110
    Paramètres de Sécurité et de
    Confidentialité.. 114
    Déverrouiller les Fonctionnalités Cachées... 119

Dépannage et Assistance...................... 124
    Problèmes Courants et Solutions................. 124
    Contacter le Service Client........................... 130
    Informations de Garantie.............................. 134

Conclusion.. 139

Annexe.. 141
    Glossaire des Termes................................... 141
    Questions Fréquemment Posées................. 145

A Propos de L'auteur............................ 150

Introduction

Présentation du Tecno Pova 6 Pro

Le Tecno Pova 6 Pro est un concurrent incontournable sur le marché des smartphones de milieu de gamme. Il offre des performances robustes, une conception innovante et une batterie longue durée. Cet appareils'adresse àtechnologiedes passionnés et les besoins des utilisateurs quotidiens, offrant une expérience utilisateur transparente et immersive. Explorons les aspects clés qui distinguent le Tecno Pova 6 Pro.

Concevoir et Construire

Le Tecno Pova 6 Pro présente un design élégant et futuriste caractérisé par son profil mince et sa construction légère. L'appareil mesure 165,5 x 76,1 x 7,9 mm et pèse environ 198 g, ce qui le rend confortable à tenir et à utiliser. Il comporte une façade en verre, un dos en plastique et un cadre combinés à un indice de résistance à la poussière et aux éclaboussures IP53, garantissant durabilité et protection contre les éléments du quotidien.

L'un des éléments de conception les plus distinctifs du Tecno Pova 6 Pro est son panneau arrière, fabriqué à l'aide de techniques de photolithographie avancées. Ce processus crée des motifs complexes qui améliorent l'attrait esthétique etfournit une texture unique rappelant une carte mère. De plus, l'appareil intègre plus de 200 LED, offrant une expérience d'éclairage personnalisable avec plus de 100 options, ajoutant de la personnalité et du style à l'appareil.

Afficher
Le Tecno Pova 6 Pro dispose d'un écran AMOLED de 6,78 pouces, offrant une résolution de 1080 x 2436 pixels et un taux de rafraîchissement élevé de 120 Hz. Cet écran offre des couleurs éclatantes, des noirs profonds et des mouvements fluides, améliorant ainsi

l'expérience visuelle pour les jeux, le streaming et la navigation. Avec une luminosité maximale de 1 300 nits, l'écran reste lisible même dans des conditions extérieures lumineuses.

Performance

Sous le capot, le Tecno Pova 6 Pro est alimenté par le chipset MediaTek Dimensity 6080, un processeur octa-core qui garantit des performances fluides et efficaces dans diverses applications. L'appareil est disponible dans des configurations allant jusqu'à 24 Go de RAM et 256 Go de stockage interne, offrant suffisamment d'espace pour le multitâche et le stockage de fichiers multimédias. Il prend également en charge le stockage extensible via un emplacement microSDXC dédié, offrant une flexibilité aux utilisateurs qui ont besoin d'espace supplémentaire.

Caméra

Le Tecno Pova 6 Pro dispose d'une configuration d'appareil photo polyvalente, comprenant un capteur principal de 108 MP, un capteur de profondeur de 2 MP et un objectif auxiliaire de 0,08 MP pour capturer des photos détaillées et éclatantes. L'appareil dispose également d'une caméra frontale de 32 MP, garantissant des selfies et des appels vidéo de haute qualité. Avec la prise en charge de l'enregistrement vidéo 1440p à 30 ips depuis la caméra arrière et 1200p à 30 ips depuis la caméra avant, les utilisateurs peuvent capturer des moments mémorables avec clarté et stabilité.

Batterie et Chargement

L'une des caractéristiques remarquables du Tecno Pova 6 Pro est son énorme batterie de 6 000 mAh, associée à un chargeur rapide de 70 W. Cette combinaison offre aux utilisateurs une durée de vie prolongée de la batterie et des capacités de charge rapide, garantissant que l'appareil est toujours prêt à l'emploi. Le téléphone prend également en charge la charge filaire inversée de 10 W, ce qui est plus pratique pour les utilisateurs qui doivent charger d'autres appareils en déplacement.

Connectivité et Fonctionnalités Supplémentaires

Le Tecno Pova 6 Pro offre une suite complète d'options de connectivité, notamment la prise en charge 5G, la capacité double SIM, le Wi-Fi 5, le Bluetooth 5.3, le NFC, la radio FM et un port infrarouge. Il dispose également d'une prise casque 3,5 mm, destinée aux utilisateurs qui préfèrent les solutions audio filaires. L'appareil dispose d'un lecteur d'empreintes digitales (sous écran, optique) et de haut-parleurs stéréo, améliorant la sécurité et la qualité audio.

Le Tecno Pova 6 Pro témoigne de l'engagement de Tecno à fournir des smartphones de haute qualité et riches en fonctionnalités à un prix accessible. Avec son design saisissant, ses performances puissantes, son système de caméra polyvalent et sa batterie longue durée, le Tecno Pova 6 Pro est prêt à répondre aux demandes d'un large éventail d'utilisateurs, des joueurs et créateurs de contenu aux utilisateurs de smartphones quotidiens à la recherche d'un appareil fiable et élégant. appareil.

Objectif de ce Guide de L'utilisateur

L'objectif principal de ce guide de l'utilisateur est de responsabiliser les utilisateurs de Tecno Pova 6 Pro en leur fournissant une ressource complète qui libère tout le potentiel de leur appareil. Ce guide est méticuleusement conçu pour répondre aux utilisateurs de smartphones nouveaux et expérimentés, garantissant que chacun puisse bénéficier des fonctionnalités et capacités avancées du Tecno Pova 6 Pro. Vous trouverez ci-dessous les principaux objectifs que ce guide cherche à atteindre :

Facilite L'installation et la Configuration Faciles

Pour les nouveaux utilisateurs, configurer un smartphone peut être une tâche ardue. Ce guide vise à simplifier le processus en proposant des instructions étape par étape sur la façon de démarrer avec le Tecno Pova 6 Pro. De l'insertion de la carte SIM à la configuration des paramètres initiaux, nous couvrons tous les éléments essentiels pour garantir une expérience de configuration fluide et sans tracas.

Améliorer L'expérience Utilisateur

Le Tecno Pova 6 Pro regorge de fonctionnalités conçues pour améliorer l'expérience utilisateur. Ce guide aidera les utilisateurs à exploiter ces fonctionnalités au maximum de leur potentiel. Qu'il s'agisse de personnaliser les paramètres d'affichage, d'optimiser la durée de vie de la batterie ou d'explorer les capacités de l'appareil photo, nous fournissons des informations et des conseils détaillés pour améliorer l'expérience utilisateur globale.

Maximisez la Productivité et le Divertissement

Ce guide explore les différents outils de productivité et options de divertissement du Tecno Pova 6 Pro. Les utilisateurs découvriront comment gérer efficacement leurs tâches, rester organisés et profiter de leur contenu multimédia préféré. Qu'il s'agisse d'utiliser les puissantes performances de l'appareil pour les jeux ou de tirer parti de son grand écran pour le streaming, nous vous proposons des conseils sur la façon de tirer le meilleur parti du smartphone pour travailler et jouer.

Résoudre les Problèmes Courants

Rencontrer des problèmes lors de l'utilisation d'un smartphone est inévitable. Ce guide de l'utilisateur comprend une section de dépannage qui traite des problèmes courants que les utilisateurs peuvent rencontrer avec le Tecno Pova 6 Pro. Notre objectif est de minimiser les perturbations et de garantir une expérience utilisateur transparente en fournissant des solutions et des solutions de contournement.

Foster, une Communauté D'utilisateurs Avertis

En fin de compte, ce guide est une plate-forme visant à favoriser une communauté d'utilisateurs de Tecno Pova 6 Pro informés et autonomes. En partageant leurs connaissances et leurs idées, nous encourageons les utilisateurs à explorer les capacités de leur appareil, à expérimenter de nouvelles fonctionnalités et à partager leurs expériences. Cette approche collaborative enrichit la communauté des utilisateurs et contribue à une expérience smartphone plus enrichissante.

Ce guide d'utilisation est un compagnon essentiel pour tous ceux qui cherchent à libérer tout le potentiel de leur Tecno Pova 6 Pro. Notre objectif est d'améliorer l'expérience utilisateur, d'augmenter la productivité et de créer une communauté dynamique de passionnés de Tecno Pova 6 Pro en proposant des instructions détaillées, des conseils pratiques et des solutions aux problèmes courants.

Commencer

Déballage et Configuration Initiale

Déballer un nouvel appareil est toujours passionnant, et le Tecno Pova 6 Pro ne fait pas exception. Cette section vous guidera tout au long du processus de déballage et de la configuration initiale de votre appareil, garantissant un démarrage en douceur de votre expérience Tecno Pova 6 Pro.

Qu'y a-t-il dans la boite?

À l'ouverture de la boîte du Tecno Pova 6 Pro, vous trouverez les éléments suivants:

- Smartphone Tecno Pova 6 Pro
- Chargeur rapide 70 W
- Câble USB Type-C
- Étui de protection
- Outil d'éjection de carte SIM

- Guide de démarrage rapide
- Carte de garantie

Il convient de vérifier que tous ces éléments sont présents et en bon état. L'inclusion par Tecno d'un étui de protection est judicieuse, offrant une protection immédiate à votre nouvel appareil.

Préparation de votre appareil

Insérer votre carte SIM avant d'allumer votre Tecno Pova 6 Pro est une bonne pratique. Utilisez l'outil d'éjection de carte SIM fourni pour ouvrir doucement le plateau SIM. Placez délicatement votre carte SIM dans le plateau et réinsérez-la dans l'appareil. Si vous envisagez d'étendre votre stockage, c'est également le moment idéal pour insérer une carte microSD dans l'emplacement désigné.

Mise sous tension et configuration initiale

Pour allumer votre Tecno Pova 6 Pro, maintenez enfoncé le bouton d'alimentation situé sur le côté de l'appareil. Le premier démarrage peut prendre quelques instants. Une fois l'appareil allumé, vous serez accueilli par un assistant de configuration, qui vous guidera tout au long du processus de configuration initiale, notamment:

- **Sélection de la langue:** Choisissez la langue que vous préférez pour l'interface de votre appareil.
- **Configuration Wi-Fi:** Connectez-vous à un réseau Wi-Fi pour activer l'accès à Internet. Cette étape est cruciale pour télécharger les mises à jour et vous connecter à vos comptes.
- **Configuration du compte Google:** Connectez-vous avec votre compte Google ou créez-en un nouveau. Ce compte est essentiel pour accéder aux services Google, notamment le Play Store, Gmail, etc.
- **Configuration de la sécurité:** Configurez les paramètres de sécurité tels qu'un code PIN, un mot de passe ou la reconnaissance d'empreintes digitales pour protéger votre appareil et vos informations personnelles.

- **Paramètres additionnels:** L'assistant de configuration peut également vous guider à travers des paramètres supplémentaires, tels que la date et l'heure, l'importation de données depuis un ancien appareil et des recommandations personnalisées.

Mise à jour logicielle

Une fois la configuration initiale terminée, vous devez vérifier les mises à jour logicielles. Tecno publie fréquemment des mises à jour pour améliorer les performances, ajouter de nouvelles fonctionnalités et renforcer la sécurité. Pour rechercher des mises à jour, accédez à Paramètres > Système > Mise à jour du système. Si une mise à jour est disponible, suivez les instructions à l'écran pour la télécharger et l'installer.

Explorer votre appareil

Une fois la configuration terminée, prenez le temps d'explorer votre Tecno Pova 6 Pro. Familiarisez-vous avec l'interface utilisateur, les applications préinstallées et les divers paramètres. Personnalisez votre appareil en fonction de vos préférences, comme changer le fond d'écran, ajuster les paramètres d'affichage et organiser les applications.

Toutes nos félicitations! Vous avez déballé et configuré avec succès votre Tecno Pova 6 Pro, et vous êtes maintenant prêt à commencer à profiter de la myriade de fonctionnalités et de capacités de cet appareil puissant.

Navigation dans L'interface Utilisateur

Le Tecno Pova 6 Pro fonctionne sur HiOS et l'interface utilisateur personnalisée de Tecno est construite sur le système d'exploitation Android. HiOS est conçu pour améliorer l'expérience utilisateur avec des fonctionnalités supplémentaires et une esthétique unique.

Cette section vous guidera à travers les bases de la navigation dans l'interface utilisateur de votre Tecno Pova 6 Pro, vous aidant à vous familiariser avec la présentation et les fonctionnalités.

Écran d'accueil

L'écran d'accueil est la plaque tournante centrale de votre appareil, offrant un accès rapide aux applications, widgets et raccourcis. Voici à quoi vous pouvez vous attendre :

- **Icônes d'application:** Ce sont des raccourcis vers vos applications. Vous pouvez appuyer sur une icône pour ouvrir l'application correspondante.
- **Widget:** Ces éléments interactifs affichent des informations en direct ou permettent d'accéder rapidement aux fonctions du système. Vous pouvez ajouter des widgets en appuyant longuement sur un espace de l'écran d'accueil et en sélectionnant « Widgets ».
- **Barre de recherche:** Généralement située en haut de l'écran d'accueil, la barre de recherche vous permet de rechercher rapidement votre appareil ou sur le Web.
- **Dock:** Le dock se trouve en bas de l'écran d'accueil, où vous pouvez placer

vos applications les plus fréquemment utilisées pour un accès facile.

Barre de navigation et gestes

En bas de l'écran, vous trouverez la barre de navigation, qui comprend des boutons permettant de naviguer dans l'appareil:

- **Bouton Retour:** Appuyez dessus pour revenir à l'écran précédent.
- **Bouton d'accueil:** En appuyant dessus, vous reviendrez à l'écran d'accueil de n'importe quelle application.
- **Bouton Applications récentes:** Cela vous montre une liste des applications récemment utilisées, vous permettant de basculer rapidement entre elles.

Alternativement, si vous préférez une approche plus moderne, vous pouvez activer les gestes de navigation dans les paramètres, qui vous permettent de contrôler votre appareil par glissements plutôt que par tapotements.

Ombre de notification et paramètres rapides

En faisant glisser votre doigt depuis le haut de l'écran, vous pouvez accéder à la zone de notification et aux paramètres rapides :

- **Ombre de notification :** Ici, vous verrez les alertes des applications, des appels, des messages et des notifications système. Vous pouvez effacer les notifications en les faisant glisser ou en appuyant sur le bouton "Effacer".
- **Réglages rapides :** En haut de la nuance de notification, des bascules pour les paramètres couramment utilisés tels que Wi-Fi, Bluetooth et lampe de poche sont disponibles. Vous pouvez personnaliser les paramètres qui apparaissent ici en appuyant sur l'icône d'édition.

Menu Paramètres

Pour une personnalisation et une configuration plus approfondies, vous utiliserez le menu des paramètres. Accédez-y en appuyant sur l'icône d'engrenage sur votre écran d'accueil ou sur le panneau de paramètres rapides. Le menu est organisé enconnectivité, affichage, son, sécurité et plus de sections.

Tiroir d'applications

Le tiroir d'applications est l'endroit où vous pouvez trouver toutes les applications installées sur votre appareil. Accédez-y en faisant glisser votre doigt depuis le bas de l'écran d'accueil. Ici, vous pouvez parcourir vos applications par ordre alphabétique, rechercher une application ou les organiser dans des dossiers.

Multitâche et écran partagé

Le Tecno Pova 6 Pro prend en charge le multitâche, vous permettant d'exécuter deux applications simultanément à l'aide de la fonction d'écran partagé. Pour l'utiliser, ouvrez l'écran des applications récentes, appuyez sur l'icône de l'application en haut de l'aperçu et sélectionnez "Écran partagé." Ensuite, choisissez une autre application dans la liste des applications récentes ou dans le tiroir d'applications pour remplir l'autre moitié de l'écran.

Conseils pour une navigation efficace

Personnalisez votre écran d'accueil : organisez les applications et les widgets en fonction de vos préférences et de vos habitudes d'utilisation.

- **Utiliser des dossiers:** Regroupez les applications similaires dans des dossiers pour garder votre écran d'accueil organisé et bien rangé.
- **Tirer parti des raccourcis:** Pour gagner du temps, créez des raccourcis pour les tâches fréquemment effectuées.
- **Explorez les fonctionnalités HiOS:** HiOS comprend des fonctionnalités supplémentaires telles que des panneaux intelligents et des commandes gestuelles pour améliorer votre expérience de navigation.

En vous familiarisant avec ces aspects de l'interface utilisateur du Tecno Pova 6 Pro, vous pourrez naviguer plus efficacement dans votre appareil et profiter pleinement de ses capacités.

Au fur et à mesure que vous vous familiariserez avec l'interface utilisateur, vous découvrirez des fonctionnalités et des paramètres supplémentaires qui peuvent personnaliser et améliorer davantage votre expérience.

Personnalisation des Paramètres

Le Tecno Pova 6 Pro, alimenté par HiOS, offre une large gamme de paramètres personnalisables, permettant aux utilisateurs d'adapter leurs appareils à leurs préférences et besoins. Cette section vous guidera à travers les paramètres clés que vous pouvez ajuster pour optimiser votre expérience avec l'appareil.

Paramètres d'affichage

L'écran est l'un des composants de votre smartphone avec lesquels il y a le plus d'interactions, et sa personnalisation peut améliorer considérablement votre expérience utilisateur.

- **Luminosité et soin des yeux:** Ajustez le niveau de luminosité manuellement ou activez la luminosité adaptative pour qu'elle s'ajuste automatiquement en fonction de la lumière ambiante. Le mode Eye Care réduit l'émission de lumière bleue, ce qui peut aider à réduire la fatigue oculaire dans des conditions de faible luminosité.

- **Fréquence de rafraîchissement:** Le Tecno Pova 6 Pro prend en charge un taux de rafraîchissement élevé allant jusqu'à 120 Hz. Vous pouvez basculer entre des taux de rafraîchissement standard et élevés pour équilibrer la fluidité des visuels et la durée de vie de la batterie.
- **Mode sombre:** L'activation du mode sombre modifie l'arrière-plan du système et des applications compatibles en couleurs sombres, réduisant ainsi la fatigue oculaire et économisant potentiellement la durée de vie de la batterie sur les écrans AMOLED.

Son et vibrations

La personnalisation des paramètres sonores peut améliorer votre expérience lorsque vous recevez des appels, des notifications ou lorsque vous écoutez des médias.

- **Sonneries et sons de notification:** Choisissez différents sons pour les sonneries, les notifications et les alarmes afin de les distinguer facilement.
- **Niveaux de volume:** Réglez indépendamment le volume des médias, des appels, des notifications et des sons du système.
- **Intensité des vibrations:** Personnalisez l'intensité des vibrations pour les appels et les notifications selon vos préférences.

Sécurité et confidentialité

Sécuriser votre appareil et gérer votre vie privée est crucial. Le Tecno Pova 6 Pro offre plusieurs fonctionnalités pour vous aider à protéger vos informations.

- **Verrouillage d'écran:** Configurez un code PIN, un schéma ou un mot de passe pour sécuriser votre appareil. Vous pouvez également configurer la reconnaissance d'empreintes digitales ou le déverrouillage du visage pour plus de commodité et de sécurité.
- **Verrou d'application:** Sécurisez les applications individuelles avec une empreinte digitale, une reconnaissance faciale ou un mot de passe pour protéger les informations sensibles.
- **Paramètres de confidentialité:** Examinez et gérez les autorisations des applications, en vous assurant que les applications ne peuvent accéder qu'aux données nécessaires.

Batterie et performances

L'optimisation de vos paramètres de batterie et de performances peut vous aider à tirer le meilleur parti de votre Tecno Pova 6 Pro.

- **Mode économie de batterie:** Activez le mode d'économie de batterie pour prolonger la durée de vie de votre batterie en limitant l'activité en arrière-plan et en réduisant la consommation d'énergie.

- **Mode Performance:** Lorsque vous avez besoin de plus de puissance, par exemple pour jouer ou pour des tâches intensives, vous pouvez activer le mode performance pour augmenter les capacités de votre appareil.
- **Gestion des applications:** Examinez et fermez ou désinstallez régulièrement les applications que vous n'utilisez plus pour libérer des ressources et de l'espace de stockage.

Connectivité

Rester connecté est la clé ; la personnalisation de vos paramètres de connectivité peut améliorer votre expérience.

- **Wi-Fi et données mobiles:** Gérez vos réseaux Wi-Fi et votre utilisation des données mobiles. Vous pouvez définir des limites de données, sélectionner les réseaux préférés et configurer les paramètres du point d'accès.

- **Bluetooth:** Personnalisez les paramètres Bluetooth pour la connexion aux appareils et accessoires. Vous pouvez renommer votre appareil pour une identification plus facile et pour gérer les appareils couplés.

Personnalisation

La personnalisation de votre Tecno Pova 6 Pro fait de l'appareil vraiment le vôtre.

- **Thèmes et fonds d'écran:** Choisissez parmi une variété de thèmes et de fonds d'écran pour modifier l'apparence de votre appareil. Vous pouvez également utiliser vos photos comme fonds d'écran.
- **Disposition de l'écran d'accueil:** Vous pouvez personnaliser la disposition de votre écran d'accueil, y compris la taille de la grille, la taille des icônes et indiquer si vous souhaitez afficher ou masquer le tiroir d'applications.

- **Gestes et navigation:** Personnalisez les gestes et les boutons de navigation en fonction de vos préférences. Vous pouvez également activer les gestes pour lancer l'appareil photo, allumer la lampe de poche, etc.

En explorant et en personnalisant ces paramètres, vous pouvez améliorer votre expérience Tecno Pova 6 Pro, rendant votre appareil plus agréable et adapté à votre style de vie. N'oubliez pas que les meilleurs paramètres sont ceux qui répondent à vos besoins et préférences spécifiques, alors n'hésitez pas à expérimenter et à ajuster au fur et à mesure.

Caractéristiques Matérielles

Explorer le Design du Pova 6 Pro

Le Tecno Pova 6 Pro témoigne de l'engagement de Tecno à combiner fonctionnalité et attrait esthétique dans ses conceptions de smartphones. Cette section explore les fonctionnalités matérielles et les éléments de conception qui permettent au Pova 6 Pro de se démarquer sur le marché concurrentiel des smartphones.

Qualité de construction et matériaux

Le Tecno Pova 6 Pro présente une qualité de construction robuste, à la fois durable et visuellement attrayante. L'appareil utilise une combinaison de matériaux pour atteindre un équilibre entre durabilité et élégance du design:

- **Verre avant:** L'avant de l'appareil est orné d'un panneau de verre de haute qualité qui offre une expérience tactile fluide et réactive tout en offrant un affichage clair et dynamique.
- **Dos et cadre en plastique:** Pour conserver une conception légère sans compromettre la durabilité, le Pova 6 Pro utilise un matériau plastique de haute qualité pour sa coque arrière et son cadre. Ce choix de matériaux permet également de réaliser des designs et des motifs complexes sur le panneau arrière, ajoutant ainsi à l'attrait esthétique de l'appareil.

Ergonomie et Manipulation

Le Tecno Pova 6 Pro est conçu dans un souci de confort d'utilisation et d'ergonomie. Malgré son grand écran, l'appareil présente un profil mince et des bords incurvés, ce qui le rend confortable à tenir et à utiliser d'une seule main. L'emplacement des boutons et des ports a été soigneusement pensé pour garantir qu'ils soient facilement accessibles.

Afficher

L'écran est l'une des fonctionnalités les plus remarquables du Pova 6 Pro, offrant aux utilisateurs une expérience visuelle immersive :

- **Taille et résolution:** L'appareil dispose d'un grand écran AMOLED de 6,78 pouces, offrant un espace d'écran suffisant pour les jeux, le streaming et le multitâche. Avec une résolution de 1080 x 2436 pixels, l'écran offre des visuels nets et détaillés.

- **Fréquence de rafraîchissement:** Un taux de rafraîchissement élevé de 120 Hz permet un défilement fluide et des animations fluides, améliorant ainsi l'expérience utilisateur globale, en particulier pour les joueurs et ceux qui consomment beaucoup de contenu vidéo.

- **Luminosité et précision des couleurs:** L'écran peut atteindre des niveaux de luminosité élevés, garantissant une bonne visibilité même en plein soleil. La reproduction des couleurs est précise, avec des couleurs vives et des noirs profonds qui font ressortir les images et les vidéos.

Système de caméra

Le Tecno Pova 6 Pro est équipé d'une configuration d'appareil photo polyvalente conçue pour répondre à un large éventail de besoins en photographie, notamment :

- **Caméras arrière:** Le module de caméra principal comprend un capteur haute résolution de 108 MP qui capture des photos détaillées et éclatantes. Il est complété par un capteur de profondeur de 2 MP et un objectif auxiliaire de 0,08 MP, permettant des options de photographie créatives telles que le mode portrait et les prises de vue macro.
- **Caméra frontale:** Une caméra frontale de 32 MP garantit des selfies et des appels vidéo de haute qualité, avec des fonctionnalités telles que l'embellissement de l'IA et le mode portrait pour améliorer vos photos.

Batterie et chargement

L'un des principaux arguments de vente du Pova 6 Pro est la durée de vie de sa batterie et ses capacités de charge:

- **Capacité de la batterie:** Une énorme batterie de 6 000 mAh offre une autonomie d'une journée, même pour les gros utilisateurs. Cela garantit que vous pouvez passer votre journée sans vous soucier de manquer d'énergie.
- **Chargement rapide:** L'appareil prend en charge une charge rapide de 70 W, vous permettant de recharger la batterie rapidement et de minimiser les temps d'arrêt. Cette fonctionnalité est pratique pour les utilisateurs toujours en déplacement.

Fonctionnalités matérielles supplémentaires

- **Connectivité:** Le Pova 6 Pro prend en charge un large éventail d'options de connectivité, notamment 5G, Wi-Fi, Bluetooth et NFC, garantissant que les utilisateurs peuvent rester connectés dans divers scénarios.

- **L'audio:** Les haut-parleurs stéréo offrent une expérience audio immersive, que ce soit pour regarder des films, jouer à des jeux ou écouter de la musique. L'inclusion d'une prise casque 3,5 mm est une fonctionnalité bienvenue pour les utilisateurs qui préfèrent les solutions audio filaires.
- **Sécurité:** L'appareil dispose d'un capteur optique d'empreintes digitales sous l'écran, offrant un moyen sûr et pratique de déverrouiller votre téléphone. Le déverrouillage du visage est également pris en charge pour plus de polyvalence.

Le design du Tecno Pova 6 Pro allie harmonieusement esthétique, fonctionnalité et fonctionnalités centrées sur l'utilisateur. Sa qualité de construction robuste, sa manipulation ergonomique, son écran impressionnant, son système de caméra polyvalent et sa batterie longue durée en font un choix incontournable pour un smartphone de milieu de gamme qui ne compromet ni les performances ni le style.

Maîtriser L'affichage et les Commandes Tactiles

Le Tecno Pova 6 Pro dispose d'un écran dynamique et réactif, complété par des commandes tactiles intuitives qui améliorent l'interaction de l'utilisateur. Comprendre et optimiser ces fonctionnalités peut améliorer considérablement votre expérience globale. Cette section fournit des informations sur la maîtrise des paramètres d'affichage et des commandes tactiles de votre Tecno Pova 6 Pro.

Optimisation des paramètres d'affichage

L'écran est votre fenêtre sur tout ce que votre smartphone peut faire, de la navigation sur le Web au visionnage de vidéos en passant par les jeux et la lecture. Voici comment vous pouvez l'optimiser :

- **Ajuster la luminosité:** Ajustez la luminosité de l'écran en fonction de votre environnement pour une visualisation optimale. Vous pouvez activer la luminosité adaptative, qui ajuste automatiquement la luminosité de l'écran en fonction des conditions de lumière ambiante, garantissant ainsi la meilleure visibilité tout en préservant la durée de vie de la batterie.

- **Sélectionnez le mode couleur:** Le Tecno Pova 6 Pro peut proposer différents modes ou profils de couleur qui affectent la façon dont les couleurs sont affichées. Expérimentez avec ces paramètres pour trouver celui qui convient à vos préférences en matière de précision des couleurs et de dynamisme.
- **Activer le mode sombre:** Le mode sombre modifie l'arrière-plan du système et des applications en couleurs sombres, réduisant ainsi la fatigue oculaire dans des conditions de faible luminosité et économisant potentiellement la durée de vie de la batterie. C'est particulièrement bénéfique lors d'une utilisation nocturne.
- **Personnaliser le taux de rafraîchissement:** Le défilement et les

animations sont plus fluides avec un taux de rafraîchissement élevé de 120 Hz. Cependant, cela peut consommer plus de batterie. Si la durée de vie de la batterie est un problème, envisagez de définir un taux de rafraîchissement plus faible.

Utiliser les commandes tactiles

Les commandes tactiles sont essentielles à la navigation et à l'interaction avec votre appareil. Voici quelques conseils pour les maîtriser :

- **Navigation gestuelle:** Si vous préférez une expérience d'écran plus immersive, activez la navigation gestuelle. Cela remplace la barre de navigation traditionnelle par des gestes, permettant ainsi plus d'espace d'écran et un contrôle intuitif des appareils.
- **Sensibilité tactile:** Si vous utilisez des protecteurs d'écran, ajustez la sensibilité pour garantir que vos touches et vos balayages sont enregistrés avec précision.
- **Personnalisation du clavier:** Le clavier à l'écran est une interface tactile

principale pour saisir du texte. Plongez dans ses paramètres pour personnaliser des fonctionnalités telles que la correction automatique, le retour haptique et la hauteur du clavier pour une expérience de frappe plus confortable.

Fonctionnalités d'affichage avancées

Explorez des fonctionnalités avancées qui peuvent améliorer encore davantage votre expérience d'affichage:

- **Affichage permanent (AOD):** S'il est pris en charge, AOD vous permet de voir l'heure, la date, les notifications et d'autres informations sélectionnées sans réveiller votre téléphone. C'est une fonctionnalité pratique qui peut être personnalisée à votre guise.
- **Mode de lecture:** Ce mode ajuste la température de couleur de l'écran pour réduire la lumière bleue, ce qui facilite la tâche des yeux lors de sessions de lecture prolongées.

- **Enregistrement d'écran:** Le Tecno Pova 6 Pro comprend probablement une fonction d'enregistrement d'écran, vous permettant de capturer ce qui se passe sur votre écran, ce qui est utile pour les didacticiels, le jeu ou l'enregistrement d'appels vidéo.

Conseils pour une interaction tactile efficace

- **Gestes multi-touch:** Familiarisez-vous avec les gestes multi-touch tels que le pincement pour zoomer et le balayage à deux doigts, qui peuvent améliorer la navigation et le contrôle dans les applications et la lecture multimédia.
- **Raccourcis personnalisés:** Pensez à personnaliser les raccourcis tactiles ou les gestes pour lancer des applications ou effectuer rapidement des actions spécifiques. Cela peut considérablement accélérer votre flux de travail et rendre la navigation plus efficace.

En maîtrisant les paramètres d'affichage et les commandes tactiles de votre Tecno Pova 6 Pro, vous pouvez créer une expérience utilisateur plus personnalisée et plus efficace. Prenez le temps d'explorer et d'ajuster ces paramètres en fonction de vos préférences et habitudes d'utilisation, afin de vous assurer que votre appareil fonctionne au mieux pour vous.

Tirer Parti du Puissant Processeur

Le Tecno Pova 6 Pro dispose d'un processeur puissant qui permet des performances fluides et un multitâche efficace. Comprendre comment exploiter cette puissance de traitement peut vous aider à maximiser les capacités de l'appareil pour diverses tâches, de l'utilisation quotidienne aux applications exigeantes.

Comprendre le processeur

Le cœur du Tecno Pova 6 Pro est son chipset MediaTek Dimensity 6080, un processeur octa-core qui allie hautes performances et efficacité énergétique. Ce processeur est conçu pour gérer un large éventail de tâches, notamment:

- **Jeux haute définition:** Le chipset peut facilement exécuter des jeux gourmands en graphiques, offrant une expérience de jeu fluide et immersive.
- **Consommation multimédia:** Que vous diffusiez des vidéos en streaming ou retouchiez des photos, le processeur garantit un rendu multimédia rapide et fluide.
- **Tâches de productivité:** De la navigation sur plusieurs pages Web à l'utilisation d'applications de productivité, le processeur peut gérer le multitâche sans ralentissements significatifs.

Optimisation des performances
Pour tirer le meilleur parti du processeur du Tecno Pova 6 Pro, tenez compte des conseils suivants:

- **Mettez à jour votre logiciel:** Gardez le logiciel de votre appareil à jour pour garantir que vous disposez des dernières optimisations de performances et correctifs de sécurité.

- **Gérer les applications en arrière-plan:** Fermez régulièrement les applications inutilisées exécutées en arrière-plan pour libérer de la mémoire et de la puissance de traitement pour les tâches.

- **Utiliser les modes de performances:** Certains appareils proposent des modes de performances qui peuvent augmenter la puissance de traitement pour les tâches exigeantes. Vérifiez la batterie ou les paramètres de performances de votre appareil pour voir si de telles options sont disponibles.

Jeux et graphismes

Pour les utilisateurs intéressés par le gaming, le processeur du Tecno Pova 6 Pro est un atout non négligeable :

- **Mode de jeu:** S'il est disponible, activez le mode Jeu pour optimiser les

ressources de jeu de l'appareil, ce qui peut améliorer les fréquences d'images et le gameplay global.
- **Paramètres graphiques:** Dans le jeu, ajustez les paramètres graphiques en fonction des capacités du processeur. Des paramètres plus élevés fourniront de meilleurs visuels, tandis que des paramètres plus bas peuvent améliorer la durée de vie et les performances de la batterie.

Productivité et multitâche

Le processeur joue également un rôle crucial dans la productivité:

- **Écran divisé:** Utilisez la fonction d'écran partagé pour exécuter deux applications côte à côte, doublant ainsi votre productivité.
- **Gestion de la RAM:** Avec suffisamment de RAM, le Tecno Pova 6 Pro peut conserver plus d'applications en mémoire pour une commutation rapide. Soyez conscient du nombre

d'applications que vous avez ouvertes pour maintenir des performances optimales.

Utilisation créative et professionnelle

Pour les tâches créatives et professionnelles, la puissance du processeur est une aubaine :

- **Retouche photo et vidéo:** Le processeur peut éditer des photos et des vidéos haute résolution sans décalage.
- **Applications professionnelles:** Exécutez en toute confiance des applications professionnelles exigeantes pour des tâches telles que la conception graphique, la modélisation 3D ou l'analyse financière.

Considérations sur la durée de vie de la batterie

Tout en tirant parti de la puissance du processeur, il est essentiel de prendre en compte l'impact sur la durée de vie de la batterie:

- **Modes d'économie de batterie:** Lorsque vous n'avez pas besoin de performances maximales, utilisez les modes d'économie de batterie pour prolonger la durée de vie de la batterie de votre appareil.
- **Utilisation du moniteur:** Surveillez l'utilisation de la batterie dans le menu des paramètres pour identifier les applications ou les processus susceptibles de consommer une énergie excessive.

En comprenant et en exploitant le puissant processeur du Tecno Pova 6 Pro, vous pouvez améliorer votre expérience dans un large éventail d'activités. Que vous soyez un joueur, un passionné de productivité ou un professionnel de la création, les capacités de traitement de l'appareil peuvent répondre à vos besoins et vous aider à atteindre vos objectifs efficacement.

Logiciels Essentiels

Présentation du Système D'exploitation Android

Le Tecno Pova 6 Pro fonctionne sur le système d'exploitation Android et est réputé pour sa flexibilité, ses options de personnalisation et son vaste écosystème d'applications. Le système d'exploitation Android fournit une interface conviviale et une multitude de fonctionnalités qui répondent à un large éventail de préférences et de besoins des utilisateurs. Cette section donne un aperçu du système d'exploitation Android et des fonctionnalités de base du Tecno Pova 6 Pro.

Fonctionnalités principales du système d'exploitation Android

- **Google Play Store:** Au cœur de l'écosystème d'applications Android se trouve le Google Play Store, qui propose des millions d'applications et de jeux à des fins diverses, de la productivité à l'éducation en passant par le divertissement.

- **Services Google:** Le système d'exploitation Android est livré avec une suite de services Google, notamment Gmail, Google Maps, Google Drive et Google Photos, offrant aux utilisateurs des outils essentiels pour la communication, la navigation, le stockage et la gestion des photos.
- **Personnalisation:** Android permet une personnalisation approfondie de l'interface utilisateur, y compris la possibilité de modifier les thèmes, les lanceurs, les packs d'icônes et les widgets pour personnaliser l'appareil à votre guise.
- **Notifications:** Le système de notification d'Android est très informatif et interactif. Il fournit des alertes provenant d'applications, d'appels, de messages et de mises à jour du système,

qui peuvent être gérées par de simples glissements et tapotements.

- **Sécurité et confidentialité:** Android inclut diverses fonctionnalités de sécurité telles que Google Play Protect, qui analyse les applications à la recherche de comportements malveillants, et des paramètres de confidentialité qui vous permettent de gérer les autorisations des applications et l'accès aux données.

Versions et mises à jour Android

Le système d'exploitation Android évolue continuellement, avec de nouvelles versions publiées périodiquement, introduisant de nouvelles fonctionnalités, améliorations et mises à jour de sécurité. Il est important de garder votre Tecno Pova 6 Pro à jour avec la dernière version disponible pour garantir des performances et une sécurité optimales.

- **Mises à jour système:** Vérifiez régulièrement les mises à jour du système dans les paramètres de l'appareil sous 'Système' > 'Mise à jour du

système'. Les mises à jour peuvent inclure de nouvelles fonctionnalités, des améliorations de performances et des correctifs de sécurité.
- **Noms des versions:** Les versions d'Android portent généralement le nom de bonbons ou de desserts, et chaque nouvelle version apporte des modifications importantes au système d'exploitation.

Personnalisation HiOS

HiOS de Tecno est une version personnalisée d'Android qui inclut des fonctionnalités supplémentaires et des modifications conçues pour améliorer l'expérience utilisateur sur les appareils Tecno.

- **Fonctionnalités personnalisées:** HiOS inclut des fonctionnalités uniques telles que des gestes intelligents, des thèmes personnalisés et des paramètres supplémentaires introuvables dans l'expérience Android d'origine.

- **Interface utilisateur:** HiOS peut avoir une apparence différente de celle d'Android d'origine, avec des icônes, des mises en page et des animations système personnalisées.

Optimisation d'Android pour le Tecno Pova 6 Pro

Pour tirer le meilleur parti du système d'exploitation Android sur votre Tecno Pova 6 Pro, tenez compte des conseils suivants:

- **Gestion des applications:** Examinez et désinstallez régulièrement les applications que vous n'utilisez plus pour libérer de l'espace de stockage et des ressources.
- **Optimisation de la batterie:** Utilisez les fonctionnalités d'optimisation de la batterie intégrées d'Android pour prolonger la durée de vie de la batterie de votre appareil en gérant les processus en arrière-plan et en ajustant les paramètres des applications individuelles.

- **Personnalisez votre expérience:** Explorez les paramètres et les fonctionnalités uniques à HiOS pour personnaliser davantage votre appareil et profiter des améliorations spécifiques à Tecno.

En vous familiarisant avec le système d'exploitation Android et les fonctionnalités supplémentaires offertes par HiOS, vous pouvez utiliser pleinement les capacités de votre Tecno Pova 6 Pro. Que vous soyez un nouvel utilisateur d'Android ou un passionné expérimenté, la combinaison des principales forces d'Android et des personnalisations de Tecno offre une expérience smartphone riche et polyvalente.

Applications Préinstallées et Leurs Fonctions

Comme de nombreux smartphones, le Tecno Pova 6 Pro est livré avec diverses applications préinstallées conçues pour améliorer immédiatement votre expérience utilisateur.

Ces applications vont des outils et utilitaires essentiels aux plateformes de divertissement et de médias sociaux. Comprendre les fonctions de ces applications préinstallées peut vous aider à démarrer plus efficacement avec votre appareil. Voici un aperçu de certaines catégories courantes d'applications préinstallées sur le Tecno Pova 6 Pro et de leurs fonctions principales.

Communication et médias sociaux

Téléphone : vous permet de passer et de recevoir des appels, de gérer les contacts et d'accéder à l'historique des appels.

- **Messages:** L'application par défaut pour envoyer et recevoir des messages SMS et MMS.
- **WhatsApp:** Une application de messagerie populaire qui utilise votre connexion Internet pour envoyer des messages et passer des appels vocaux ou vidéo.
- **Facebook:** Une application de médias sociaux préinstallée qui vous permet de

vous connecter avec des amis et de partager des mises à jour, des photos et des vidéos.

Productivité et organisation
- **Calendrier:** Cela vous aide à gérer votre emploi du temps en définissant des rendez-vous, des rappels et des événements.
- **E-mail:** Une application de messagerie générique qui peut être configurée avec différents fournisseurs de messagerie pour envoyer et recevoir des e-mails.
- **Des dossiers:** Un gestionnaire de fichiers qui vous permet de parcourir, d'organiser et de gérer les fichiers stockés sur votre appareil et les services de stockage cloud.
- **Horloge:** Comprend des fonctionnalités telles que des alarmes, un chronomètre, une minuterie et des fonctionnalités d'horloge mondiale.

Multimédia et divertissement
- **Caméra:** L'application principale pour prendre des photos et enregistrer des vidéos avec différents modes et paramètres pour améliorer votre photographie.
- **Galerie:** Vous pouvez afficher, organiser et modifier des photos et des vidéos stockées sur votre appareil.
- **Musique:** Un lecteur de musique pour écouter et organiser vos fichiers musicaux.
- **Radio FM:** Cela vous permet d'écouter les stations de radio FM locales, nécessitant de brancher des écouteurs comme antenne.

Utilitaires et outils
- **Calculatrice:** Fournit des fonctions mathématiques de base et avancées.
- **Lampe de poche:** Transforme le flash LED de votre appareil en lampe de poche pour l'éclairage.
- **Météo:** Offre des prévisions et des conditions météorologiques pour votre

emplacement actuel ou des villes spécifiées.

- **Google Apps:** Une suite de services Google, comprenant Google Maps, Google Drive, Google Photos et YouTube, offrant respectivement la navigation, le stockage dans le cloud, la gestion de photos et le streaming vidéo.

Système et sécurité

- **Paramètres:** La plateforme centrale pour configurer et personnaliser les paramètres logiciels et matériels de votre appareil.
- **Google Play Store:** La boutique d'applications officielle pour Android, où vous pouvez télécharger et installer des applications et des jeux.
- **Google Play Protect:** Fournit une analyse automatique des applications du Google Play Store à la recherche de comportements malveillants.
- **Lanceur HiOS:** Le lanceur personnalisé de Tecno fournit des options de

personnalisation supplémentaires et des fonctionnalités uniques à HiOS.

Conseils pour gérer les applications préinstallées

- **Explorez et personnalisez:** Prenez le temps d'explorer chaque application préinstallée pour comprendre ses fonctionnalités et ses paramètres. Personnalisez les applications selon vos préférences pour une expérience plus personnalisée.

- **Désinstallez ou désactivez les applications indésirables:** S'il existe des applications préinstallées que vous ne prévoyez pas d'utiliser, envisagez de les désinstaller pour libérer de l'espace de stockage. Si une application ne peut pas être désinstallée, vous pouvez avoir la possibilité de la désactiver.

- **Mettez régulièrement à jour les applications:** Gardez vos applications préinstallées à jour via le Google Play Store pour vous assurer de disposer des dernières fonctionnalités et améliorations de sécurité.

En vous familiarisant avec les applications préinstallées sur votre Tecno Pova 6 Pro, vous pouvez immédiatement commencer à exploiter tout le potentiel de votre appareil. Que ce soit pour la communication, la productivité, le divertissement ou la gestion du système, ces applications constituent une base solide pour votre expérience smartphone.

Gestion des Notifications et des Autorisations

La gestion efficace des notifications et des autorisations des applications est cruciale pour préserver la confidentialité et garantir une expérience sans distraction sur votre Tecno Pova 6 Pro. Le système d'exploitation Android offre un contrôle granulaire sur les applications qui peuvent vous envoyer des notifications et accéder à des fonctions ou à des données spécifiques de l'appareil. Voici comment gérer ces paramètres pour adapter votre appareil à vos préférences.

Gestion des notifications

Les notifications vous tiennent informé des événements, messages et mises à jour importants. Cependant, des notifications excessives peuvent être accablantes. Voici comment les gérer :

- **Paramètres de notification:** Accédez aux paramètres de notification en allant sur **'Paramètres'** > **'Applications et notifications.'** Ici, vous pouvez configurer les préférences de notification pour chaque application.
- **Ne pas déranger (MDN):** Activez le mode NPD pour désactiver tous les appels et alertes, avec la possibilité d'autoriser des exceptions pour les contacts ou applications importants. Personnalisez les paramètres du NPD en accédant à **'Paramètres'** > **'Son'** > **'Ne pas déranger.'**

- **Canaux de notification:** Android permet de gérer plus précisément les notifications via les canaux. Cela signifie que vous pouvez contrôler différents types de notifications à partir d'une seule application, comme les messages promotionnels ou les alertes de transaction.
- **Notifications sur l'écran de verrouillage:** Vous pouvez choisir d'afficher toutes les notifications sur l'écran de verrouillage, de masquer le contenu sensible ou de n'afficher aucune notification pour plus de confidentialité. Ajustez ces paramètres dans 'Paramètres' > 'Applications et notifications' > 'Notifications' > 'Sur l'écran de verrouillage'.

Gestion des autorisations des applications

Les autorisations des applications contrôlent les données et les fonctionnalités auxquelles une application peut accéder sur votre appareil. La gestion de ces autorisations est essentielle pour protéger votre vie privée.

- **Autorisations de révision:** Vérifiez régulièrement les autorisations des applications en accédant à **'Paramètres'** > **'Applications et notifications'** > **'Autorisations des applications'**. Ici, vous pouvez voir quelles applications ont accès à des autorisations telles que l'appareil photo, les contacts, la localisation, etc.
- **Accorder des autorisations:** Lorsque vous installez une nouvelle application ou utilisez une fonctionnalité pour la première fois, l'application demandera les autorisations nécessaires. Accordez uniquement les autorisations essentielles au fonctionnement de l'application.
- **Révocation des autorisations:** Si vous pensez qu'une application ne devrait plus avoir accès à certaines données ou fonctionnalités, vous pouvez révoquer les autorisations à tout moment en accédant

aux paramètres de l'application et en désactivant les autorisations.

- **Réinitialisation automatique des autorisations:** Certaines versions d'Android incluent une fonctionnalité qui réinitialise automatiquement les autorisations pour les applications qui n'ont pas été utilisées pendant une période prolongée. Cela permet de protéger vos données contre tout accès inutile.

Conseils pour la gestion des notifications et des autorisations

- **Prioriser les notifications:** Déterminez quelles applications et types de notifications sont les plus importants pour vous et hiérarchisez-les en conséquence. Les notifications moins critiques peuvent être réduites au silence ou désactivées.
- **Utiliser l'historique des notifications:** Si vous ignorez accidentellement une notification, vous pouvez la consulter dans l'historique des

notifications. Activez cette fonctionnalité dans **'Paramètres'** > **'Applications et notifications'** > **'Notifications'** > **'Historique des notifications'**.

- **Comprendre les autorisations:** Familiarisez-vous avec les types d'autorisations et pourquoi certaines applications peuvent les demander. Ces connaissances vous aideront à prendre des décisions éclairées lors de l'octroi ou de la révocation d'autorisations.
- **Audits réguliers:** Vérifiez régulièrement vos paramètres de notification et d'autorisation pour vous assurer qu'ils correspondent à vos préférences et à vos préoccupations en matière de confidentialité.

En contrôlant les notifications et les autorisations des applications sur votre Tecno Pova 6 Pro, vous pouvez créer une expérience de smartphone plus personnalisée et sécurisée.

Appareil Photo et Multimédia

Capturer de Superbes Photos et Vidéos

Le Tecno Pova 6 Pro est équipé d'un système de caméra polyvalent conçu pour capturer de superbes photos et vidéos dans divers scénarios. Que vous soyez un passionné de photographie ou que vous aimiez capturer des moments de votre vie quotidienne, comprendre comment tirer parti des capacités de l'appareil photo peut améliorer considérablement votre contenu multimédia.

Cette section fournit des conseils et des informations pour tirer le meilleur parti des fonctionnalités de l'appareil photo du Tecno Pova 6 Pro.

Comprendre la configuration de la caméra

Le Tecno Pova 6 Pro dispose d'une configuration de caméra multi-objectif qui comprend:

- **Caméra principale 108MP:** Le capteur principal haute résolution capture des photos détaillées et éclatantes, adaptées à un large éventail de besoins photographiques, des paysages aux portraits.
- **Capteur de profondeur 2MP:** Ce capteur est utilisé pour la détection de la profondeur, permettant ainsi de superbes portraits avec des arrière-plans flous, également connus sous le nom d'effet bokeh.
- **Objectif auxiliaire 0,08 MP:** Aide à capturer des données supplémentaires pour améliorer la qualité des photos, par exemple en améliorant les performances en basse lumière.

La caméra frontale, généralement d'environ 32 MP, est conçue pour des selfies et des appels vidéo de haute qualité, avec des modes d'embellissement et des effets de portrait.

Conseils pour capturer de superbes photos
- **Explorez les modes de caméra:** L'application appareil photo du Tecno Pova 6 Pro comprend des modes tels que le mode Portrait, Nuit, Panorama et Pro. Expérimentez avec ces modes pour trouver celui qui convient le mieux à votre scénario de prise de vue actuel.
- **Utiliser le HDR:** Le mode High Dynamic Range (HDR) équilibre les ombres et les hautes lumières de vos photos, ce qui le rend idéal pour les scènes à contraste élevé.
- **Jouez avec la composition:** Suivez les règles de la photographie telles que la règle des tiers, les lignes directrices et le cadrage pour créer des photos plus attrayantes et visuellement attrayantes.

- **Mise au point et exposition :** Appuyez sur votre sujet pour faire la mise au point et ajustez l'exposition si nécessaire en faisant glisser vers le haut ou le bas sur l'écran. Une mise au point et une exposition appropriées sont essentielles pour capturer des photos claires et bien éclairées.

Conseils pour enregistrer des vidéos de haute qualité

- **Stabilisez vos tirs :** Utilisez un trépied ou stabilisez vos mains pour éviter les images tremblantes. Le Tecno Pova 6 Pro peut également disposer d'une stabilisation d'image électronique ou optique pour vous aider.
- **Expérimentez avec les résolutions :** L'appareil prend en charge diverses résolutions vidéo et fréquences d'images. Des résolutions plus élevées offrent plus de détails, tandis que des fréquences d'images plus élevées créent des images plus fluides. Trouvez le bon équilibre pour vos besoins.

- **Utilisez le mode vidéo Pro:** S'il est disponible, le mode Vidéo Pro vous permet d'ajuster manuellement les paramètres tels que l'ISO, la vitesse d'obturation et la balance des blancs pour plus de contrôle sur l'apparence de votre vidéo.
- **Capturez des ralentis et des accélérés:** Ces modes créatifs peuvent ajouter une perspective unique à vos vidéos. Le ralenti capture une action rapide, tandis que le time-lapse montre les changements au fil du temps.

Édition et partage

Après avoir capturé vos photos et vidéos, utilisez les outils d'édition intégrés au Tecno Pova 6 Pro pour améliorer votre contenu. Vous pouvez recadrer, régler la luminosité et le contraste, appliquer des filtres, etc. Une fois satisfait de vos modifications, partagez vos créations directement depuis l'application Galerie sur les plateformes de réseaux sociaux ou avec vos amis et votre famille via des applications de messagerie.

En maîtrisant l'appareil photo et les capacités multimédia du Tecno Pova 6 Pro, vous pouvez libérer votre potentiel créatif et capturer les moments de la vie avec des détails époustouflants. Qu'il s'agisse de photographier un paysage à couper le souffle, d'enregistrer un événement spécial ou de capturer des moments du quotidien, ces conseils vous aideront à obtenir les meilleurs résultats.

Édition D'images avec L'application Appareil Photo de Tecno

L'application appareil photo du Tecno Pova 6 Pro vous permet de prendre des photos de haute qualité et fournit des outils d'édition pour améliorer et personnaliser vos images directement sur votre appareil.

Grâce à ces fonctionnalités d'édition intégrées, vous pouvez effectuer des ajustements rapides, appliquer des effets artistiques et partager facilement vos photos soignées. Voici comment naviguer et utiliser les capacités d'édition de l'application appareil photo de Tecno.

Accéder aux outils d'édition

Pour commencer à modifier une image:

1. Ouvrez l'application Galerie et sélectionnez la photo que vous souhaitez modifier.
2. Appuyez sur l'icône Modifier, généralement représentée par un crayon ou un curseur, pour accéder aux outils d'édition.

Fonctions d'édition de base

L'application Appareil photo comprend généralement une gamme de fonctions d'édition de base qui vous permettent d'effectuer des ajustements rapides et efficaces sur vos photos :

- **Recadrer et faire pivoter:** Ajustez la composition en recadrant les parties de photo indésirables ou en les faisant pivoter pour corriger l'orientation.
- **Luminosité et contraste:** Modifiez la luminosité pour rendre votre photo plus claire ou plus sombre et ajustez le contraste pour améliorer la différence entre les zones claires et sombres.

- **Saturation et chaleur :** Augmentez la saturation pour des couleurs plus vives ou diminuez-la pour un look plus discret. Ajustez la chaleur pour rendre la photo plus froide (plus bleue) ou plus chaude (plus jaune).
- **Acuité :** Affinez l'image pour rendre les détails plus distincts, surtout si la photo originale est légèrement floue.

Fonctionnalités d'édition avancées

Pour ceux qui souhaitent approfondir leurs connaissances en matière de retouche photo, l'application Appareil photo peut offrir des fonctionnalités avancées :

- **Filtres et effets :** Appliquez des filtres prédéfinis pour donner à votre photo un aspect ou une ambiance spécifique, comme vintage, noir et blanc ou sépia.
- **Mode beauté :** Utilisez le mode beauté pour lisser la peau, ajuster les traits du visage et appliquer des effets de maquillage sur vos selfies.

- **Texte et autocollants:** Ajoutez du texte avec différentes polices et couleurs ou placez des autocollants sur votre photo pour ajouter un élément amusant ou informatif.

Enregistrer et partager vos modifications
Une fois que vous êtes satisfait de vos modifications:

1. Appuyez sur le bouton Enregistrer pour écraser la photo originale ou enregistrer une nouvelle copie, selon vos préférences et les paramètres de l'application.
2. Partagez votre photo modifiée directement depuis la galerie en sélectionnant l'icône Partager et en choisissant parmi diverses options de partage telles que les plateformes de réseaux sociaux, les applications de messagerie ou le courrier électronique.

Conseils pour l'édition d'images
- **Expérience:** N'hésitez pas à essayer différents outils et effets d'édition pour voir ce qui fonctionne le mieux pour votre

photo. Vous pouvez toujours annuler les modifications ou recommencer si nécessaire.
- **Moins est plus:** Parfois, des modifications subtiles peuvent être plus efficaces que des ajustements lourds. Visez des améliorations qui semblent naturelles et fidèles à la scène.
- **Cohérence:** Si vous modifiez une série de photos, envisagez d'appliquer des réglages similaires pour conserver une apparence cohérente sur toutes les images.

En utilisant les fonctionnalités d'édition de l'application appareil photo du Tecno Pova 6 Pro, vous pouvez faire passer votre photographie au niveau supérieur, en créant des images visuellement attrayantes qui se démarquent. Qu'il s'agisse d'apporter de simples modifications ou d'explorer des modifications créatives, ces outils vous permettent d'exprimer votre vision et de partager votre monde avec les autres.

Profiter de la Musique, des Vidéos et des Jeux

Le Tecno Pova 6 Pro est conçu pour offrir une expérience multimédia immersive, destinée aux utilisateurs qui aiment consommer du contenu et s'engager dans des jeux mobiles. Avec son matériel puissant et ses logiciels optimisés, l'appareil offre une expérience audiovisuelle riche et des performances de jeu fluides. Voici comment tirer le meilleur parti de la musique, des vidéos et des jeux sur votre Tecno Pova 6 Pro.

Expérience musicale et audio
- **Lecteur de musique:** L'appareil est livré avec une application de lecteur de musique intégrée qui prend en charge un large éventail de formats audio. Vous pouvez facilement créer des listes de lecture, ajuster les paramètres de l'égaliseur et gérer votre bibliothèque musicale.
- **Services de diffusion en continu:** Pour accéder à une vaste bibliothèque de chansons, pensez à télécharger des

applications de streaming musical comme Spotify, Apple Music ou YouTube Music depuis le Google Play Store. Ces services proposent des listes de lecture personnalisées et des recommandations basées sur vos habitudes d'écoute.

- **Audio de haute qualité:** Le Tecno Pova 6 Pro prend en charge une sortie audio de haute qualité via sa prise casque et Bluetooth pour les écouteurs ou haut-parleurs sans fil. Recherchez des appareils prenant en charge les codecs tels que AAC, aptX ou LDAC pour la meilleure expérience audio sans fil.
- **Radio FM:** Si vous préférez la radio en direct, l'application radio FM intégrée vous permet de syntoniser les stations locales. N'oubliez pas que vous devrez peut-être brancher des écouteurs filaires, qui font office d'antenne.

Streaming et lecture vidéo

- **Grand écran:** L'écran AMOLED de 6,78 pouces avec un taux de rafraîchissement élevé rend le Tecno Pova 6 Pro idéal pour regarder des vidéos et diffuser du contenu. Les couleurs vibrantes et les noirs profonds améliorent l'expérience visuelle.

- **Applications de diffusion en continu:** Téléchargez des applications de streaming vidéo populaires telles que Netflix, Amazon Prime Video et Disney+ pour accéder à un large éventail de films, d'émissions de télévision et de documentaires. Beaucoup de ces services proposent du contenu en HD ou 4K, qui peut être époustouflant sur l'écran de l'appareil.
- **Lecteur vidéo:** Le lecteur vidéo intégré prend en charge différents formats de fichiers, vous permettant de lire des vidéos téléchargées directement depuis votre appareil. Il inclut souvent des fonctionnalités telles que la prise en charge des sous-titres, le contrôle de la vitesse de lecture et la mise en miroir de l'écran sur des téléviseurs ou des moniteurs compatibles.

Performances de jeu

- **Processeur puissant:** Le chipset MediaTek Dimensity 6080, associé à une RAM suffisante, garantit des performances de jeu fluides, même dans les jeux graphiquement exigeants. Profitez de titres populaires comme PUBG Mobile, Call of Duty: Mobile et Asphalt 9 sans décalage ni perte d'image importants.
- **Mode de jeu:** S'il est disponible, activez le mode jeu de l'appareil pour optimiser les performances et minimiser les distractions pendant les sessions de jeu. Cette fonctionnalité peut donner la priorité aux performances de jeu, bloquer les notifications et fournir un accès rapide à des outils précieux tels que l'enregistrement d'écran.
- **Système de refroidissement:** Le Tecno Pova 6 Pro peut inclure un système de refroidissement pour éviter la surchauffe lors de sessions de jeu prolongées et garantir des performances constantes.

- **Vie de la batterie:** Avec une grande batterie de 6 000 mAh et une prise en charge de charge rapide, vous pouvez profiter de longues sessions de jeu sans craindre de manquer d'énergie.

Conseils pour une expérience multimédia améliorée
- **Utilisez une bonne paire d'écouteurs:** Pour la meilleure expérience audio, notamment lorsque vous écoutez de la musique ou regardez des films, investissez dans une paire d'écouteurs de haute qualité.
- **Ajuster les paramètres d'affichage:** Adaptez les paramètres d'affichage selon vos préférences pour une expérience visuelle plus agréable. Cela peut inclure le réglage de la luminosité, du mode couleur et du taux de rafraîchissement.
- **Gérer un espace de rangement:** Les jeux de haute qualité et le contenu vidéo hors ligne peuvent occuper un espace de stockage important. Utilisez une carte microSD pour étendre votre stockage ou

nettoyer régulièrement les applications et fichiers inutilisés.

En tirant parti des capacités multimédia du Tecno Pova 6 Pro, vous pouvez profiter d'une expérience de divertissement haut de gamme, que ce soit en écoutant de la musique, en regardant des vidéos ou en jouant. Le matériel puissant et les fonctionnalités logicielles bien pensées de l'appareil garantissent aux utilisateurs tout ce dont ils ont besoin pour une consommation multimédia engageante et immersive.

Connectivité et Mise en Réseau

Wi-Fi, Bluetooth et Données Mobiles

Le Tecno Pova 6 Pro 5G dispose de diverses options de connectivité pour garantir que les utilisateurs peuvent rester connectés dans presque toutes les situations. Qu'il s'agisse de connexion à Internet, de couplage avec d'autres appareils ou d'utilisation de services de données mobiles, le Tecno Pova 6 Pro 5G est là pour vous. Voici un aperçu détaillé de ses capacités Wi-Fi, Bluetooth et données mobiles.

Connectivité Wi-Fi
- **Normes Wi-Fi:** L'appareil prend en charge le Wi-Fi 802.11 a/b/g/n/ac, qui comprend les bandes 2,4 GHz et 5 GHz

pour des connexions Internet sans fil stables et rapides.

- **Wi-Fi double bande:** Grâce à la prise en charge double bande, les utilisateurs peuvent basculer entre la couverture plus large de 2,4 GHz et les vitesses plus rapides de 5 GHz, en fonction de leurs besoins et de l'environnement réseau.

Fonctionnalités Bluetooth

- **Version Bluetooth:** Le Tecno Pova 6 Pro 5G est livré avec Bluetooth 5.3, qui offre des améliorations en termes de vitesse, de portée et de capacité de diffusion par rapport aux versions précédentes.
- **Profil de distribution audio avancé (A2DP):** Ce profil Bluetooth permet la transmission sans fil d'un son de haute qualité, idéal pour écouter de la musique ou utiliser des appareils mains libres.
- **Basse énergie (LE):** Bluetooth LE garantit une consommation d'énergie plus efficace, ce qui le rend adapté à une utilisation avec une large gamme de

périphériques, notamment les appareils portables et les appareils IoT.

Prise en charge des données mobiles et du réseau

- **Technologie de réseau:** Le Tecno Pova 6 Pro 5G prend en charge les réseaux GSM, HSPA, LTE et 5G, garantissant la compatibilité avec un large éventail de technologies de réseaux mobiles dans le monde entier.
- **Connectivité 5G:** Avec la prise en charge des bandes 5G SA (autonome) et NSA (non autonome), l'appareil peut utiliser les derniers réseaux 5G pour des vitesses de données mobiles ultra-rapides.
- **Capacité double SIM:** Le téléphone est doté d'une double SIM (Nano-SIM, double veille), permettant aux utilisateurs d'avoir deux numéros de téléphone ou fournisseurs de services différents sur le même appareil.

- **Fois:** La prise en charge de la voix sur LTE (VoLTE) offre des appels vocaux de meilleure qualité sur le réseau 4G LTE.

Options de connectivité supplémentaires
- **NFC:** La communication en champ proche (NFC) permet des transactions sans fil, un couplage facile avec des appareils compatibles et la lecture des balises NFC.
- **Systèmes de positionnement:** L'appareil prend en charge divers systèmes de positionnement global, tels que GPS, GLONASS, GALILEO et BDS, garantissant un suivi de localisation et une navigation précis.
- **Port infrarouge:** Un port infrarouge est inclus, qui peut être utilisé pour contrôler une variété d'appareils électroménagers comme les téléviseurs et les climatiseurs.
- **USB Type-C:** Pour les connexions filaires et le chargement, le Tecno Pova 6 Pro 5G est équipé d'un port USB Type-C 2.0, qui offre un transfert de données

plus rapide et une orientation de prise réversible.

Les fonctionnalités de connectivité complètes du Tecno Pova 6 Pro 5 G le rendent polyvalent pour la communication, le divertissement et la productivité. Grâce à ses capacités Wi-Fi et Bluetooth avancées, sa prise en charge robuste des données mobiles et ses options de connectivité supplémentaires, les utilisateurs peuvent profiter d'une expérience transparente et connectée dans divers scénarios.

Configuration des Points D'accès et du Partage de Connexion

Pour configurer des points d'accès et le partage de connexion sur le Tecno Pova 6 Pro, vous pouvez suivre ces étapes générales, communes à la plupart des appareils Android:

Configuration d'un point d'accès Wi-Fi
1. Faites glisser votre doigt depuis le haut de l'écran pour accéder au panneau Paramètres rapides.

2. Cherchez le **"Point chaud"** icône et appuyez dessus. S'il n'est pas visible, appuyez sur **"Modifier"** en bas à gauche et faites glisser le **"Point chaud"** icône dans vos paramètres rapides.
3. Une fois le point d'accès activé, vous pouvez le configurer en appuyant longuement sur le bouton **"Point chaud"** icône.
4. Vous pouvez configurer le point d'accès Wi-Fi en sélectionnant **"Configurer un point d'accès Wi-Fi."** Vous pouvez modifier le nom du réseau, le type de sécurité et le mot de passe.
5. Recherchez les réseaux Wi-Fi disponibles sur l'appareil que vous souhaitez connecter et sélectionnez le nom du point d'accès de votre téléphone.
6. Entrez le mot de passe que vous avez défini pour votre point d'accès et connectez-vous.

Partage de connexion via USB
1. Connectez votre Tecno Pova 6 Pro à votre ordinateur portable ou PC à l'aide d'un

câble USB permettant le transfert de données, à l'aide du câble fourni avec votre appareil.
2. Une notification peut apparaître sur votre téléphone ; sélectionner **"Permettre"** si vous êtes invité à autoriser l'accès aux données de l'appareil.
3. Aller à **"Paramètres"** sur votre téléphone, appuyez sur **'Réseau & Internet'** ou **"Réseaux sans fil,"** puis sélectionnez **"Hotspot et partage de connexion."**
4. Activer le **"Partage de connexion USB"** option. Votre ordinateur portable devrait maintenant être connecté à Internet à l'aide des données mobiles de votre téléphone.

Partage de connexion via Bluetooth
1. Associez votre téléphone à l'autre appareil. Sous Windows 10, vous pouvez accéder aux paramètres Bluetooth dans le Centre de maintenance ou **'Paramètres'** > **'Appareils'** > **'Bluetooth'**. Sur Mac,

recherchez Bluetooth dans **'Préférences Système'** > **'Réseau'** > **'Bluetooth'**.

2. Sur votre téléphone, activez Bluetooth et sélectionnez l'appareil couplé.

3. Accédez à votre téléphone **"Partage de connexion et point d'accès mobile"** menu et allumer **"Partage de connexion Bluetooth"**.

4. Sur l'autre appareil, rejoignez le réseau de votre téléphone pour utiliser la connexion de données de votre téléphone.

Il est important de noter que certains opérateurs de téléphonie mobile peuvent limiter ou facturer des frais supplémentaires pour le partage de connexion. Il est donc conseillé de vérifier auprès de votre opérateur avant d'utiliser ces fonctionnalités.

De plus, les problèmes de partage de connexion USB grisés peuvent être dus à diverses raisons, telles que la nécessité d'activer les options de développement, un câble USB défectueux ou des paramètres USB incorrects sur le téléphone.

Assurez-vous que le câble USB est correctement connecté et que vous avez autorisé l'accès aux données de l'appareil lorsque vous y êtes invité sur votre téléphone. Si vous utilisez le partage de connexion Bluetooth, assurez-vous que vos pilotes Bluetooth sont à jour si vous rencontrez des problèmes de connexion.

Dépannage des Problèmes de Connectivité

Lorsque vous rencontrez des problèmes de connectivité sur le Tecno Pova 6 Pro, vous pouvez suivre plusieurs étapes de dépannage pour résoudre les problèmes liés au Wi-Fi, au Bluetooth, aux données mobiles et à la fonctionnalité de point d'accès. Voici un guide complet pour résoudre ces problèmes :

Problèmes de connectivité Wi-Fi

Si vous rencontrez des difficultés pour vous connecter aux réseaux Wi-Fi, procédez comme suit:

1. **Désactiver le mode avion:** Assurez-vous que le mode avion est

désactivé, car il désactive toutes les connexions sans fil. Vous pouvez réactiver le Wi-Fi même si le mode avion est activé.

2. **Redémarrez votre téléphone:** Un simple redémarrage peut résoudre de nombreux problèmes de connectivité. Appuyez longuement sur le bouton d'alimentation et appuyez sur **"Redémarrage"** pour redémarrer votre appareil.

3. **Reconnectez-vous au Wi-Fi:** Essayer *"oubli"* le réseau Wi-Fi et la reconnexion. Aller à **'Paramètres'** > **'Réseau et Internet'** > **'Wi-Fi'** > **'Réseau enregistré'** trouvez votre réseau, appuyez sur **"Oublier,"** puis reconnectez-vous en saisissant le mot de passe.

4. **Vérifiez le routeur sans fil:** Redémarrez votre routeur en le débranchant de la source d'alimentation pendant quelques instants. Si les problèmes persistent, envisagez de réinitialiser le routeur.

5. **Réinitialiser les réglages réseau:** Si le problème n'est pas résolu, réinitialisez vos paramètres Wi-Fi, mobile et Bluetooth. Aller à **"Paramètres,"** faites défiler vers le bas jusqu'à **"Système,"** sélectionner **'Réinitialiser les options'** et appuyez sur **"Réinitialiser le Wi-Fi, le mobile et le Bluetooth."**

Problèmes de connectivité Bluetooth

Pour les problèmes Bluetooth, tels qu'une difficulté d'appairage ou de maintien d'une connexion:

1. **Redémarrez Bluetooth:** Désactivez Bluetooth à partir du panneau Paramètres rapides et réactivez-le.
2. **Appareils de réparation:** Dissociez le périphérique Bluetooth et associez-le à nouveau. Aller à **'Paramètres'** > **'Appareils connectés'** > **'Bluetooth'** et recherchez l'appareil à dissocier.
3. **Vérifiez les obstructions:** Assurez-vous qu'aucune obstruction physique ou interférence provenant

d'autres appareils électroniques ne pourrait affecter la connexion Bluetooth.

Problèmes de données mobiles

Si vous rencontrez des problèmes avec les données mobiles:

1. **Vérifiez les paramètres réseau:** Assurez-vous que les données mobiles sont activées et que votre opérateur dispose des paramètres APN corrects. Ceux-ci peuvent être trouvés sous **'Paramètres' > 'Réseau et Internet' > 'Réseau mobile' > 'Noms des points d'accès'**.
2. **Redémarrez votre téléphone:** Comme pour les problèmes Wi-Fi, le redémarrage de votre téléphone peut aider à résoudre les problèmes de connectivité des données mobiles.
3. **Vérifiez la couverture réseau:** Vérifiez que vous vous trouvez dans une zone couverte par le réseau. Si vous vous trouvez en bordure d'une zone de

couverture, essayez de vous déplacer vers un endroit où le signal est plus fort.

Problèmes de points chauds

Pour des problèmes de configuration ou de connexion à un hotspot:

1. **Vérifiez les paramètres du point d'accès:** Assurez-vous que le point d'accès est activé et correctement configuré avec un mot de passe sécurisé. Ajustez les paramètres dans **"Paramètres"** > **"Réseau et Internet"** > **"Hotspot et partage de connexion"**.
2. **Redémarrer le point d'accès:** Désactivez le point d'accès à partir du panneau Paramètres rapides et réactivez-le.
3. **Vérifiez la limite de périphérique:** Certains hotspots limitent le nombre d'appareils pouvant se connecter simultanément. Assurez-vous de ne pas avoir dépassé cette limite.

Si vous avez essayé toutes les étapes ci-dessus et que vous rencontrez toujours des problèmes de connectivité, il est peut-être temps de demander l'aide d'un professionnel. Pour des problèmes liés au matériel ou des problèmes logiciels persistants, la visite d'un centre de service Carlcare, le fournisseur de services officiel des appareils Tecno, peut fournir l'expertise nécessaire pour diagnostiquer et résoudre le problème. N'oubliez pas de vérifier la garantie de votre appareil avant de faire appel à des services de réparation.

Autonomie et Optimisation de la Batterie

Maximiser les Performances de la Batterie

Le Tecno Pova 6 Pro est équipé d'une batterie importante de 6 000 mAh, conçue pour permettre une utilisation prolongée entre les charges. Cependant, maximiser les performances de la batterie reste crucial pour garantir que l'appareil puisse répondre aux exigences d'une utilisation quotidienne. Voici des stratégies pour améliorer et optimiser la durée de vie de la batterie de votre Tecno Pova 6 Pro.

Comprendre l'utilisation de la batterie
- **Surveiller l'utilisation de la batterie:** Vérifiez régulièrement quelles

applications et services consomment le plus de batterie en allant sur **"Paramètres" > "Batterie" > "Utilisation de la batterie"**. Cela peut vous aider à identifier et à gérer les applications gourmandes en énergie.
- **Mode économie de batterie:** Activez le mode d'économie de batterie intégré pour réduire l'activité en arrière-plan et limiter les fonctionnalités qui consomment plus d'énergie. Ce mode peut être activé manuellement ou activé automatiquement à un certain pourcentage de batterie.

Ajuster les paramètres pour une meilleure durée de vie de la batterie
- **Luminosité de l'écran:** Réduisez la luminosité de l'écran ou activez la luminosité adaptative pour ajuster la luminosité en fonction de la lumière ambiante, économisant ainsi la durée de vie de la batterie.
- **Veille de l'écran:** Réduisez l'intervalle de délai d'expiration de l'écran pour

éteindre l'écran plus tôt lorsque le téléphone est inactif. Trouvez ce paramètre sous **"Paramètres" > "Affichage" > "Veille" ou "Délai d'expiration de l'écran"**.

- **Fréquence de rafraîchissement:** Si votre appareil dispose d'un écran à taux de rafraîchissement élevé, envisagez de réduire le taux de rafraîchissement pour économiser la batterie. Ce paramètre se trouve sous **"Paramètres" > "Affichage" > "Avancé" ou "Taux de rafraîchissement de l'écran"**.
- **Désactivez les fonctionnalités inutiles:** Désactivez Bluetooth, GPS et Wi-Fi lorsqu'ils ne sont pas utilisés. Désactivez également la synchronisation automatique pour les comptes et les applications qui ne nécessitent pas de mises à jour fréquentes.

Gestion des applications pour la conservation de la batterie

- **Fermez les applications inutilisées:** Assurez-vous que les applications non utilisées sont fermées pour éviter qu'elles ne s'exécutent en arrière-plan et ne déchargent la batterie.

- **Mettre à jour les applications:** Gardez vos applications à jour, car les mises à jour incluent souvent des optimisations pour de meilleures performances de la batterie.
- **Désinstallez les applications inutilisées:** Supprimez les applications que vous n'utilisez plus, car elles peuvent toujours exécuter des processus en arrière-plan et consommer l'énergie de la batterie.

Entretien de la santé de la batterie

- **Chargez correctement:** Évitez de laisser la batterie se vider complètement. Il est généralement préférable de charger la batterie lorsqu'elle descend en dessous de 20 % et de la débrancher une fois qu'elle atteint 80 à 90 % pour maintenir la santé de la batterie.
- **Évitez les températures extrêmes:** Protégez votre appareil de la chaleur ou

du froid extrême, car les températures extrêmes peuvent affecter négativement les performances et la durée de vie de la batterie.

- **Utilisez le chargeur d'origine:** Utilisez le chargeur d'origine fourni avec votre appareil ou un chargeur de remplacement certifié pour garantir une charge appropriée et l'état de la batterie.

Techniques avancées d'optimisation de la batterie

- **Modes d'économie d'énergie:** Explorez les modes d'économie d'énergie avancés qui limitent les performances de l'appareil, les vibrations et d'autres fonctionnalités afin de réduire la consommation d'énergie.
- **Restrictions en matière d'arrière-plan:** Pour les applications qui n'ont pas besoin de s'exécuter en arrière-plan, limitez leurs données en arrière-plan et l'utilisation de la batterie dans les paramètres de l'application.

- **Mise sous/hors tension programmée:** Configurez votre appareil pour qu'il s'éteigne automatiquement pendant les périodes où vous ne l'utilisez pas, comme la nuit, et qu'il se rallume avant de vous réveiller.

La mise en œuvre de ces stratégies d'optimisation de la batterie peut prolonger considérablement la durée de vie de la batterie de votre Tecno Pova 6 Pro, garantissant qu'elle reste alimentée tout au long de la journée. Surveiller et ajuster régulièrement l'utilisation et les paramètres de votre batterie peut vous aider à maintenir des performances optimales de la batterie sur le long terme.

Conseils pour une Recharge Efficace

Il est essentiel de suivre les meilleures pratiques pour garder la batterie 6000 mAh de votre Tecno Pova 6 Pro en bonne santé et se charger efficacement. Voici quelques conseils pour vous aider à charger efficacement votre appareil et à préserver la longévité de la batterie.

Utilisez le bon chargeur et le bon câble
- **Chargeur d'origine:** Utilisez toujours le chargeur et le câble d'origine fournis avec votre Tecno Pova 6 Pro ou un remplacement certifié. Ceux-ci sont conçus pour répondre aux exigences de charge spécifiques de votre appareil.
- **Chargement rapide:** Profitez des capacités de charge rapide de l'appareil pour reconstituer rapidement la batterie. Cependant, des recharges rapides et fréquentes peuvent entraîner une usure accrue de la batterie au fil du temps.

Optimiser les habitudes de recharge
- **Frais partiels:** Au lieu de charger la batterie à 100 % à chaque fois, envisagez des recharges plus courtes et plus fréquentes. Cela peut aider à réduire le stress sur la batterie et à prolonger sa durée de vie.
- **Évitez les recharges de nuit:** Charger votre appareil pendant la nuit peut entraîner une surcharge, même si la plupart des smartphones modernes sont

conçus pour éviter cela. C'est toujours une bonne pratique de débrancher l'appareil une fois complètement chargé.

- **Chargez avant qu'il ne soit trop bas:** Essayez de brancher votre appareil lorsque le niveau de la batterie chute à environ 20 à 30 %. Laisser la batterie se décharger complètement et régulièrement peut être préjudiciable à sa santé.

Maintenir la santé de la batterie et de l'appareil

- **Reste cool:** Charger votre appareil dans un environnement frais peut éviter une surchauffe, affectant négativement la santé de la batterie. Retirez le boîtier s'il devient trop chaud pendant le chargement.

- **Surveiller la vitesse de charge:** Si votre appareil se charge plus lentement que d'habitude, vérifiez le port de chargement, le câble et l'adaptateur pour déceler tout dommage ou débris pouvant être à l'origine du problème.

- **Calibrage de la batterie:** Si vous remarquez des lectures irrégulières du pourcentage de batterie, calibrez la batterie en la vidant à 0 %, puis en la chargeant sans interruption à 100 %.

Utiliser les fonctionnalités de chargement intelligent
- **Chargement programmé:** Certains appareils proposent des options de charge programmée pour contrôler le moment où l'appareil se charge, ce qui peut être utile pour gérer la charge de nuit.
- **Charge optimisée:** Recherchez les paramètres qui optimisent la charge de la batterie en apprenant vos habitudes d'utilisation et en contrôlant la vitesse de charge pour réduire l'usure de la batterie.

Mises à jour et paramètres du logiciel
- **Mettez à jour votre appareil:** Gardez votre appareil à jour avec le dernier micrologiciel, car les mises à jour peuvent

inclure des améliorations des algorithmes de charge et de la gestion de la batterie.
- **Rechercher des applications:** Si votre appareil se charge lentement, recherchez les applications en arrière-plan susceptibles de consommer de l'énergie : fermez les applications inutiles avant de charger.

En suivant ces conseils, vous pouvez charger votre Tecno Pova 6 Pro plus efficacement et contribuer à garantir que la batterie reste en bon état tout au long de la durée de vie de l'appareil. De bonnes habitudes de charge ainsi que des accessoires et paramètres appropriés peuvent améliorer considérablement les performances et la longévité de la batterie de votre smartphone.

Techniques D'économie de Batterie

La mise en œuvre de techniques d'économie de batterie est essentielle pour prolonger la durée de vie de la batterie de votre Tecno Pova 6 Pro. Ces stratégies peuvent vous aider à tirer le meilleur parti de la batterie de 6 000 mAh de votre appareil, en garantissant qu'elle dure le plus longtemps possible entre les charges. Voici quelques méthodes efficaces pour économiser la batterie:

Ajuster les paramètres d'affichage
- **Luminosité inférieure de l'écran:** Réduire la luminosité de votre écran peut diminuer considérablement la consommation de la batterie. Utilisez le curseur de luminosité dans le panneau Paramètres rapides pour l'ajuster manuellement ou activez la luminosité adaptative pour des ajustements automatiques en fonction de la lumière ambiante.
- **Réduire le délai d'expiration de l'écran:** Définissez une durée plus courte pour que votre écran s'éteigne automatiquement lorsqu'il est inactif. Trouvez cette option dans "Paramètres" > "Affichage" > "Veille" ou "Délai d'expiration de l'écran".

- **Limiter le taux de rafraîchissement:** Si votre appareil dispose d'un affichage à taux de rafraîchissement élevé, envisagez de le régler sur un taux inférieur pour économiser la batterie, surtout si vous n'avez pas besoin d'une fluidité supplémentaire pour les tâches quotidiennes.

Gérer la connectivité
- **Désactivez le Wi-Fi et le Bluetooth:** Lorsqu'ils ne sont pas utilisés, désactivez le Wi-Fi et le Bluetooth pour les empêcher de rechercher des réseaux ou des appareils, ce qui épuiserait la batterie.
- **Désactiver le GPS:** Les services de localisation peuvent épuiser considérablement la batterie. Désactivez le GPS ou changez le mode de localisation en « Économie de batterie » lorsqu'un suivi de localisation précis n'est pas nécessaire.

- **Utiliser le mode avion:** Dans les zones où la réception est mauvaise, votre téléphone peut utiliser plus d'énergie pour maintenir une connexion. Passez en mode avion pour arrêter toute communication sans fil et économiser la batterie.

Optimiser l'utilisation des applications
- **Fermez les applications inutilisées:** Assurez-vous que les applications ne s'exécutent pas inutilement en arrière-plan. Utilisez le **"Applications récentes"** bouton pour fermer les applications que vous n'utilisez pas actuellement.
- **Mettre à jour les applications:** Gardez vos applications à jour, car les développeurs optimisent souvent les versions les plus récentes pour une meilleure efficacité de la batterie.
- **Vérifiez les autorisations de l'application:** Limitez les autorisations accordées aux applications pour accéder aux fonctionnalités matérielles telles que

l'appareil photo ou le GPS, qui peuvent utiliser une énergie supplémentaire.

Utiliser les modes d'économie d'énergie

- **Mode économie de batterie:** La plupart des appareils Android, y compris le Tecno Pova 6 Pro, disposent d'un mode d'économie de batterie qui réduit l'activité en arrière-plan et limite les fonctionnalités permettant de prolonger la durée de vie de la batterie. Vous pouvez activer ce mode manuellement ou automatiquement à un certain pourcentage de batterie.
- **Mode ultra économie d'énergie:** Certains appareils offrent un mode ultra-économie d'énergie qui limite le téléphone aux fonctions essentielles telles que les appels et les messages, ce qui peut aider à maximiser la durée de vie de la batterie.

Paramètres et fonctionnalités du système

- **Désactiver les animations:** Réduire ou désactiver les animations peut économiser la batterie. Accédez aux options du développeur en appuyant sur le numéro de build dans **"Paramètres"** > **"À propos du téléphone"** plusieurs fois, puis allez dans « Options pour les développeurs » et réduisez ou désactivez les animations.

- **Restreindre les données d'arrière-plan:** Certaines applications utilisent des données en arrière-plan, ce qui peut vider la batterie. Restreindre l'utilisation des données en arrière-plan pour des applications individuelles dans**"Paramètres"** > **"Applications et notifications"** > **"Informations sur l'application"**.

- **Mise sous/hors tension programmée:** Configurez votre appareil pour qu'il s'éteigne automatiquement pendant les périodes où vous ne l'utilisez pas, comme la nuit, et qu'il se rallume avant de vous réveiller.

Maintenance régulière

- **Redémarrez votre appareil:** Parfois, le redémarrage de votre appareil peut aider à fermer des processus inutiles susceptibles de s'exécuter et d'utiliser l'énergie de la batterie.
- **Gardez votre téléphone au frais:** Une chaleur excessive peut dégrader les performances de votre batterie. Évitez de laisser votre téléphone dans des environnements chauds, comme un tableau de bord de voiture par une journée ensoleillée.

En intégrant ces techniques d'économie de batterie dans votre utilisation quotidienne, vous pouvez améliorer considérablement la durée de vie de la batterie de votre Tecno Pova 6 Pro.

Fonctionnalités Avancées

Mode Multitâche et Écran Partagé

Le Tecno Pova 6 Pro améliore les capacités multitâches grâce à son mode écran partagé, permettant aux utilisateurs d'exécuter deux applications simultanément sur le même écran. Cette fonctionnalité est pratique pour ceux qui souhaitent augmenter leur productivité ou profiter du divertissement tout en effectuant une autre tâche. Voici comment effectuer plusieurs tâches et mode écran partagé sur le Tecno Pova 6 Pro.

Comment utiliser le mode écran partagé
1. **Accédez aux applications récentes:** Pour commencer à utiliser le mode écran partagé, vous devez accéder à vos applications récentes. Vous pouvez le

faire en appuyant sur le bouton en forme de carré de votre barre de navigation ou en le faisant glisser vers le haut et en le maintenant enfoncé depuis le bas de l'écran.

2. **Sélectionnez la première application:** Dans la vue Applications récentes, recherchez l'application que vous souhaitez utiliser dans la moitié supérieure de votre écran. Recherchez l'icône en écran partagé sur la vignette de l'application, généralement représentée par deux rectangles ou lignes.

3. **Activer l'écran partagé:** Appuyez sur l'icône en écran partagé sur la vignette de l'application. Cela épinglera l'application dans la moitié supérieure de votre écran.

4. **Choisissez la deuxième application:** Une fois la première application en place, vous verrez le reste de vos applications récemment ouvertes en dessous. Faites défiler ces applications et sélectionnez la seconde que vous souhaitez utiliser. Si l'application souhaitée ne figure pas dans la liste des applications récentes, vous

pouvez appuyer sur le bouton d'accueil et sélectionner l'application dans votre tiroir d'applications.

5. **Ajustez la répartition:** Certaines applications, comme YouTube, vous permettent d'ajuster la quantité d'espace d'écran qu'elles occupent. Vous pouvez le faire en faisant glisser la petite barre qui sépare les deux applications vers le haut ou vers le bas.

Quitter le mode écran partagé

Pour quitter le mode écran partagé, faites glisser la petite barre noire séparant les deux applications vers celle que vous souhaitez fermer. Le faire glisser vers le bas fermera l'application inférieure tandis que le faire glisser vers le haut fermera l'application supérieure.

Compatibilité et limites

Il est important de noter que toutes les applications ne prennent pas en charge le mode écran partagé. Certaines applications, en particulier les jeux nécessitant une utilisation en plein écran, comme l'application Appareil photo, peuvent ne pas être disponibles pour le multitâche en écran partagé. Pour les applications qui le prennent en charge, toutes les fonctionnalités ne sont pas entièrement fonctionnelles en mode écran partagé.

Améliorer le multitâche

Le grand écran du Tecno Pova 6 Pro et la possibilité d'étendre la RAM jusqu'à 24 Go via MemFusion offrent un environnement robuste pour le multitâche. La fonction d'écran partagé est complétée par le puissant processeur MediaTek Dimensity 6080 de l'appareil, garantissant un fonctionnement fluide même lors de l'exécution de plusieurs applications.

Vous pouvez effectivement doubler votre productivité ou vos options de divertissement en utilisant le mode écran partagé du Tecno Pova 6 Pro. Que vous gardiez un œil sur vos réseaux sociaux tout en naviguant sur le Web ou que vous regardiez une vidéo tout en prenant des notes, le mode écran partagé est un outil précieux pour les utilisateurs de smartphones modernes.

Paramètres de Sécurité et de Confidentialité

Le Tecno Pova 6 Pro offre une gamme de paramètres de sécurité et de confidentialité pour protéger vos données et garder le contrôle de vos informations personnelles. Ces fonctionnalités sont essentielles à une époque où la sécurité numérique est primordiale. Voici comment naviguer et utiliser ces paramètres pour garantir la sécurité de votre appareil et de vos données.

Configuration d'un verrouillage d'écran
- **Code PIN, modèle ou mot de passe:** Aller à **"Paramètres"** > **"Sécurité"** > **"Verrouillage de l'écran"** pour configurer un code PIN, un schéma ou un mot de passe qui doit être saisi pour déverrouiller votre appareil.
- **Biométrie:** Si votre appareil prend en charge des fonctionnalités de sécurité biométriques telles que la numérisation d'empreintes digitales ou la reconnaissance faciale, vous pouvez les configurer dans le même menu « Sécurité

». Ces méthodes constituent un moyen pratique et sécurisé de déverrouiller votre téléphone.

Gestion de la sécurité des empreintes digitales

- **Enregistrer l'empreinte digitale:** Enregistrez une ou plusieurs empreintes digitales en suivant les instructions à l'écran dans **"Paramètres" > "Sécurité" > "Empreinte digitale".** Assurez-vous que vos doigts sont propres et secs pour de meilleurs résultats.
- **Déverrouillage par empreinte digitale:** Une fois inscrit, vous pouvez utiliser votre empreinte digitale pour déverrouiller votre appareil, autoriser des transactions et vous connecter à certaines applications.
- **Verrou d'application:** Certains appareils vous permettent d'utiliser votre empreinte digitale pour verrouiller des applications spécifiques afin de garantir davantage de confidentialité.

Reconnaissance de visage

- **Configurer le déverrouillage du visage:** Si disponible, vous pouvez configurer la reconnaissance faciale dans **"Paramètres" > "Sécurité"**. Cette fonctionnalité utilise la caméra frontale pour reconnaître votre visage et déverrouiller votre appareil.
- **Sensibilisation à l'attention:** Pour plus de sécurité, certains appareils disposent d'une option qui nécessite que vos yeux soient ouverts et que vous regardiez l'écran pour déverrouiller avec la reconnaissance faciale.

Paramètres de confidentialité

- **Autorisations de l'application:** Contrôlez quelles applications peuvent accéder aux données sensibles telles que votre position, votre appareil photo et vos contacts. Vérifiez les autorisations en accédant à **"Paramètres" > "Applications et notifications" > "Autorisations des applications"**.

- **Services de location:** Gérez les paramètres de localisation pour plus de confidentialité. Vous pouvez désactiver complètement les services de localisation ou les autoriser uniquement lors de l'utilisation de certaines applications.
- **Paramètres de confidentialité de Google:** Vous pouvez accéder aux paramètres de confidentialité de votre compte Google pour gérer le suivi des activités, la personnalisation des annonces, etc.

Trouver mon appareil

- **Activer Localiser mon appareil:** Cette fonctionnalité vous permet de localiser, verrouiller ou effacer votre appareil en cas de perte ou de vol. Assurez-vous qu'il est activé dans **"Paramètres"** > **"Sécurité"** > **"Trouver mon appareil"**.

Mises à jour et correctifs de sécurité

- **Mises à jour système:** Recherchez et installez régulièrement les mises à jour du système, qui peuvent inclure des correctifs de sécurité importants. Vous pouvez trouver des mises à jour dans **"Paramètres" > "Système" > "Mise à jour du système"**.

Conseils de sécurité supplémentaires

- **Wi-Fi sécurisé:** Utilisez des réseaux Wi-Fi sécurisés et évitez les connexions publiques ou non sécurisées pour les activités sensibles. Pensez à utiliser un VPN pour plus de sécurité.

- **Données de sauvegarde:** Sauvegardez régulièrement les données importantes sur le cloud ou sur un périphérique de stockage externe. Cela garantit que vous pouvez récupérer vos informations si votre appareil est compromis.

- **Applications de sécurité:** Envisagez d'installer des applications de sécurité réputées offrant des fonctionnalités supplémentaires, telles que l'analyse des logiciels malveillants, l'effacement à distance, etc.

En configurant correctement les paramètres de sécurité et de confidentialité de votre Tecno Pova 6 Pro, vous pouvez protéger votre appareil contre tout accès non autorisé et protéger vos informations personnelles contre toute compromission.

L'examen et la mise à jour réguliers de ces paramètres vous aideront à maintenir un niveau élevé de sécurité à mesure que de nouvelles menaces apparaissent et que des mises à jour logicielles sont publiées.

Déverrouiller les Fonctionnalités Cachées

Comme de nombreux smartphones, le Tecno Pova 6 Pro possède diverses fonctionnalités qui peuvent mettre du temps à devenir évidentes pour les utilisateurs. Ces fonctionnalités cachées peuvent améliorer votre expérience et fournir des fonctionnalités supplémentaires. Voici comment débloquer certaines de ces fonctionnalités sur votre appareil:

Accéder aux fonctionnalités intelligentes

- **AI Assistant:** Dans les paramètres, il existe une fonctionnalité appelée AI Assistant dans les scènes intelligentes. Cela vous permet d'activer différentes fonctionnalités intelligentes telles que les notifications de paiements, les rappels de sommeil, les mises à jour météorologiques et le suivi des événements des colis.

Utiliser l'assistant numérique

- **Elle:** Le Tecno Pova 6 Pro est livré avec un assistant numérique nommé Ella, qui peut vous aider dans des tâches telles que passer des appels, écouter de la musique et même prendre en charge les traductions dans différentes applications. Pour utiliser Ella, activez l'assistant et demandez la tâche pour laquelle vous avez besoin d'aide, comme *"Mets-moi de la musique, Ella."*

Personnalisation des notifications LED

- **Mini-LED :** L'appareil dispose d'un ensemble de mini-LED dans le module caméra qui activent les appels entrants et les notifications et indiquent le niveau de charge de la batterie. Bien qu'elles ne soient pas aussi personnalisables que d'autres appareils, ces LED ajoutent un élément visuel unique à votre téléphone et peuvent être liées à certains jeux pour des effets supplémentaires.

Explorer les fonctionnalités de l'appareil photo

- **Astuces de caméra :** L'application appareil photo du Tecno Pova 6 Pro comprend probablement des fonctionnalités et des modes cachés accessibles en explorant les paramètres de l'application. Recherchez des options pour activer les modes de prise de vue, les filtres et les effets avancés.

Découverte des applications système

- **Applications système cachées:** Certaines applications système peuvent ne pas être visibles dans le tiroir d'applications mais peuvent offrir des fonctionnalités supplémentaires. Vous pouvez trouver ces applications en explorant le menu des paramètres ou en utilisant un lanceur tiers qui révèle toutes les applications installées.

Conseils pour trouver plus de fonctionnalités cachées

- **Consultez le manuel d'utilisation:** Le manuel d'utilisation contient souvent des informations détaillées sur les fonctionnalités de votre téléphone, y compris des informations moins évidentes.
- **Recherche en ligne:** La recherche en ligne de fonctionnalités cachées spécifiques à votre modèle de téléphone ou à votre système d'exploitation peut révéler une multitude d'informations.

- **Expérimentez avec les paramètres:** Explorez les différents menus et paramètres de votre téléphone. Vous pouvez trouver des fonctionnalités et des options supplémentaires qui peuvent améliorer votre expérience utilisateur.

En explorant votre Tecno Pova 6 Pro, vous pouvez débloquer une gamme de fonctionnalités cachées qui peuvent améliorer votre productivité, personnaliser votre expérience et rendre votre appareil plus agréable. Abordez toujours toute modification avec prudence, en particulier lorsqu'il s'agit de paramètres ou de fonctionnalités du système qui pourraient avoir un impact sur les performances ou la sécurité de l'appareil.

Dépannage et Assistance

Problèmes Courants et Solutions

Comme tout smartphone, le Tecno Pova 6 Pro peut rencontrer des problèmes courants que les utilisateurs doivent résoudre. Voici quelques-uns des problèmes identifiés, ainsi que leurs solutions potentielles :

Problèmes de charge

Si votre Tecno Pova 6 Pro ne se charge pas correctement, envisagez les méthodes suivantes:

- **Changez la source d'alimentation:** Essayez une autre source d'alimentation pour vérifier si le problème vient de la prise murale, de la rallonge ou de l'adaptateur.

- **Changez votre câble USB:** Inspectez votre câble USB pour déceler tout dommage et essayez d'en utiliser un autre pour voir si le câble est à l'origine du problème.
- **Vérifiez l'adaptateur de charge:** Utilisez un autre adaptateur mural pour déterminer si l'adaptateur est défectueux.
- **Désinstaller des applications:** Vérifiez et désinstallez toutes les applications récemment téléchargées susceptibles d'être à l'origine du problème de chargement.
- **Redémarrez votre appareil:** Un simple redémarrage peut parfois résoudre les problèmes de charge.
- **Mettre à jour le logiciel du téléphone ou réinitialiser le téléphone:** Recherchez les mises à jour du système ou effectuez une réinitialisation d'usine si nécessaire, mais n'oubliez pas de sauvegarder d'abord vos données.

- **Visitez le centre de service Carlcare:** Si des problèmes matériels sont suspectés, tels qu'un port de chargement défectueux, demandez l'aide d'un centre de service agréé.

Problèmes d'appel
Pour les problèmes liés aux appels sur le Tecno Pova 6 Pro:

- **Vérifiez le signal réseau:** Assurez-vous d'avoir un signal réseau fort. Si le signal est faible, essayez de vous déplacer vers un endroit offrant une meilleure réception.
- **Redémarrez votre téléphone:** Un redémarrage peut parfois résoudre les problèmes liés aux appels.
- **Vérifiez les paramètres d'appel:** Vérifiez vos paramètres d'appel pour vous assurer que le transfert ou le blocage d'appel n'est pas activé par inadvertance.

Problème de blocage et de redémarrage
Si votre appareil se bloque ou redémarre de manière inattendue:

- **Fermez les applications en arrière-plan:** Trop d'applications exécutées en arrière-plan peuvent provoquer le blocage du téléphone. Fermez les applications qui ne sont pas utilisées.
- **Vider le cache:** Videz le cache des applications fréquemment utilisées pour libérer de la mémoire.
- **Mise à jour logicielle:** Assurez-vous que le logiciel de votre appareil est à jour, car les mises à jour peuvent résoudre les problèmes de performances.

Problème de chauffage

Pour résoudre les problèmes de surchauffe:

- **Évitez une utilisation prolongée:** Donnez une pause à votre appareil si vous l'utilisez pendant une période prolongée, en particulier pour des tâches hautes performances comme les jeux.
- **Retirez le boîtier:** Retirez la coque du téléphone pour dissiper la chaleur plus efficacement.

- **Recherchez les applications défectueuses:** Certaines applications peuvent provoquer une surchauffe du téléphone. Recherchez les applications utilisant beaucoup la batterie et envisagez de les désinstaller.

Aucun problème de volume multimédia ou d'audio

Si vous rencontrez des problèmes audio:

- **Vérifiez les paramètres de volume:** Assurez-vous que le volume multimédia n'est pas coupé ou trop faible.
- **Redémarrez votre appareil:** Un simple redémarrage peut parfois résoudre les problèmes audio.
- **Vérifiez les obstructions:** Assurez-vous que les grilles des haut-parleurs ne sont pas bloquées ou sales.

Problème de point d'accès

Pour les problèmes avec la fonction hotspot:

- **Vérifiez les paramètres du point d'accès:** Assurez-vous que le point d'accès est correctement configuré avec un mot de passe sécurisé et que votre forfait de données prend en charge l'utilisation du point d'accès.
- **Redémarrer le point d'accès:** Désactivez la fonction de point d'accès, puis réactivez-la.
- **Vérifiez les mises à jour du système:** Un système obsolète peut entraîner des problèmes de point d'accès, alors assurez-vous que le logiciel de votre appareil est à jour.

Problème USB

Si la clé USB n'est pas reconnue:

- **Vérifiez le câble USB:** Utilisez un autre câble USB pour voir si le problème vient du câble.
- **Nettoyez le port USB:** La poussière ou les débris présents dans le port USB

peuvent empêcher une connexion correcte. Nettoyez soigneusement le port avec un petit outil non conducteur.

- **Redémarrez votre appareil:** Le redémarrage de votre téléphone peut parfois résoudre des problèmes de reconnaissance USB.

Lors du dépannage de ces problèmes, il est important d'aborder chaque étape de manière méthodique et d'éviter d'apporter des modifications qui pourraient compliquer davantage la situation. Si le problème persiste après avoir essayé ces solutions, il peut être nécessaire de demander l'aide d'un professionnel auprès d'un centre de service agréé comme Carlcare.

Contacter le Service Client

Contacter le support client est la prochaine étape lorsque vous rencontrez des problèmes avec votre Tecno Pova 6 Pro que vous ne pouvez pas résoudre via le dépannage. Tecno propose différents canaux par lesquels les clients peuvent demander de l'aide, garantissant que vous recevez l'aide dont vous avez besoin pour votre appareil. Voici comment contacter efficacement le support client Tecno :

Site officiel

- **Page d'assistance :** Visitez le site Web officiel de Tecno et accédez à la page d'assistance ou contactez-nous. Ici, vous pouvez trouver des FAQ, des manuels d'utilisation et des informations de contact.

- **Localisateur de centre de service :** Utilisez la fonction de localisation de centre de service sur le site Web pour trouver le centre de service agréé le plus proche et obtenir une aide professionnelle.

Assistance par e-mail

- **Adresse e-mail :** Tecno fournit souvent une adresse e-mail d'assistance à laquelle vous pouvez envoyer des descriptions détaillées de votre problème ainsi que toute capture d'écran ou documentation pertinente. Consultez le site Web officiel ou la documentation de votre appareil pour connaître l'adresse e-mail correcte.

Assistance téléphonique

- **Numéro d'assistance:** Tecno propose des lignes d'assistance téléphonique dans diverses régions. Recherchez le numéro d'assistance téléphonique spécifique à votre pays sur le site officiel ou sur les matériaux d'emballage de l'appareil. Soyez prêt à décrire clairement votre problème et à fournir toutes les informations nécessaires sur l'appareil.

Réseaux sociaux

- **Plateformes de médias sociaux:** Tecno est actif sur plusieurs plateformes de médias sociaux, notamment Facebook, Twitter et Instagram. Vous pouvez contacter leurs comptes officiels avec vos requêtes. Les réseaux sociaux peuvent être utiles pour poser des questions rapides ou pour demander conseil à la communauté.

Chat en direct

- **Services de discussion en ligne:** Certaines régions peuvent proposer une assistance par chat en direct via le site Web officiel de Tecno. Cette option vous permet de discuter en temps réel avec un représentant du service client qui pourra vous aider avec vos demandes.

Application Carlcare

- **Application de service Carlcare:** Les utilisateurs de Tecno peuvent télécharger l'application Carlcare, l'application officielle du service après-vente. Cette application vous permet de prendre des rendez-vous de service, de discuter avec le support client et de trouver des centres de service.

Préparation à l'assistance

Pour garantir une expérience d'assistance fluide, préparez les informations suivantes avant de contacter le support client:

- **Modèle d'appareil:** Connaissez le modèle exact de votre Tecno Pova 6 Pro.

- **Numéro de série ou IMEI:** Préparez le numéro de série ou l'IMEI de votre appareil, car l'assistance peut en avoir besoin pour vérifier l'état de la garantie de votre appareil ou à des fins d'identification.
- **Description du problème:** Soyez prêt à décrire le problème que vous rencontrez en détail, y compris les mesures que vous avez déjà prises pour tenter de le résoudre.
- **Preuve d'achat:** Si votre problème peut être couvert par la garantie, ayez votre preuve d'achat à portée de main.

En utilisant ces canaux et en préparant vos informations à l'avance, vous pouvez vous assurer que votre expérience avec le support client Tecno est aussi efficace et utile que possible.

Informations de Garantie

Comprendre la garantie de votre Tecno Pova 6 Pro est important au cas où vous rencontreriez des problèmes nécessitant une réparation ou un service. Les politiques de garantie peuvent varier selon la région et le détaillant, mais voici quelques points généraux concernant les informations de garantie pour les appareils Tecno :

Couverture de garantie standard

- **Durée:** Tecno offre généralement une garantie standard de 12 mois pour ses smartphones, à compter de la date d'achat.
- **Inclusions:** La garantie couvre les défauts de fabrication et les dysfonctionnements du matériel dans des conditions normales d'utilisation. Cela peut inclure des problèmes liés aux performances de l'appareil, à la batterie, à l'appareil photo, à l'écran et à d'autres composants internes.
- **Exclusions:** La garantie ne couvre généralement pas les dommages résultant d'accidents, d'une mauvaise utilisation, de réparations non autorisées, de modifications ou de l'usure normale.

Les problèmes causés par des modifications logicielles ou des applications tierces peuvent également être exclus.

Réclamation du service de garantie

- **Preuve d'achat:** Pour réclamer le service de garantie, vous devez fournir une preuve d'achat, telle qu'un reçu ou une facture indiquant la date d'achat et le détaillant.
- **Centres de services:** Les réclamations au titre de la garantie sont généralement traitées par des centres de service agréés. Vous pouvez trouver le centre de service le plus proche en utilisant l'application Carlcare ou en visitant le site officiel de Tecno.
- **Réparation sous garantie:** Si un défaut couvert par la garantie est confirmé, Tecno réparera ou remplacera l'appareil ou la pièce défectueuse sans frais supplémentaires.
- **Service hors garantie:** Si votre appareil n'est plus sous garantie ou si le

problème n'est pas couvert, vous pouvez toujours obtenir des services de réparation auprès de centres agréés, mais des frais s'appliqueront.

Garantie prolongée et assurance

- **Garantie prolongée:** Certains détaillants ou fournisseurs tiers peuvent proposer des plans de garantie prolongée moyennant des frais supplémentaires, prolongeant la couverture au-delà de la période de garantie standard.
- **Assurance:** Vous pouvez également envisager de souscrire une assurance pour votre appareil, qui peut offrir une protection plus large contre les dommages accidentels, le vol et d'autres risques non couverts par la garantie standard.

Vérification de l'état de la garantie

- **Outils en ligne:** Tecno peut fournir des outils ou des applications en ligne comme Carlcare, où vous pouvez vérifier l'état de la garantie de votre appareil en saisissant le numéro de série ou l'IMEI.

- **Service client:** Contacter Tecnopour en savoir plus l'état de la garantie de votre appareil et les détails de la couverture.

Il est conseillé de consulter les conditions générales de garantie fournies par votre Tecno Pova 6 Pro ou le site Web officiel de Tecno pour votre région spécifique. Conserver une copie de vos informations de garantie et comprendre la couverture peut vous aider à résoudre tout problème survenant pendant la période de garantie.

Si vous avez des questions ou avez besoin de précisions sur la garantie, contactez le support client Tecno pour obtenir de l'aide.

Conclusion

En conclusion, le Tecno Pova 6 Pro est un smartphone riche en fonctionnalités conçu pour répondre à un large éventail de besoins des utilisateurs, des passionnés de photographie et des joueurs aux utilisateurs quotidiens recherchant des performances fiables et une longue durée de vie de la batterie.

Ce guide a exploré divers aspects de l'appareil, notamment sa conception, son affichage, les capacités de l'appareil photo et les fonctionnalités logicielles. Nous avons également examiné des conseils permettant d'optimiser les performances de la batterie, d'améliorer la sécurité et la confidentialité et de débloquer des fonctionnalités cachées pour tirer le meilleur parti de votre appareil.

Comprendre comment résoudre les problèmes courants et contacter le support client est crucial pour maintenir les performances de votre appareil et résoudre tout problème pouvant survenir. Connaître les informations de garantie de votre appareil garantit également que vous pouvez utiliser les options de réparation et de service.

Le Tecno Pova 6 Pro offre une expérience mobile complète avec son matériel robuste et son logiciel polyvalent. En tirant parti des conseils et des informations de ce guide, les utilisateurs peuvent améliorer l'utilisation de leur appareil, garantissant une expérience fluide, efficace et agréable avec leur Tecno Pova 6 Pro.

Que vous utilisiez l'appareil pour travailler, jouer ou quoi que ce soit entre les deux, le Tecno Pova 6 Pro est équipé pour répondre à vos besoins, ce qui en fait un choix incontournable pour ceux qui recherchent un nouveau smartphone.

Annexe

Glossaire des Termes

Pour vous aider à mieux comprendre les caractéristiques et fonctionnalités du Tecno Pova 6 Pro, voici un glossaire des termes courants utilisés tout au long de ce guide :

- **AMOLED (diode électroluminescente organique à matrice active):** Un type de technologie d'affichage OLED utilisée dans les smartphones pour une reproduction des couleurs éclatantes et des noirs profonds.
- **APN (nom du point d'accès):** Nom d'une passerelle entre un réseau mobile et un autre réseau informatique, généralement l'Internet public.
- **Biométrie:** Méthodes de sécurité qui utilisent des caractéristiques physiques

uniques, telles que les empreintes digitales ou la reconnaissance faciale, pour l'identification et le contrôle d'accès.

- **Bluetooth LE (basse consommation):** Une variante économe en énergie du Bluetooth conçue pour les communications sans fil à courte portée avec une faible consommation d'énergie.
- **CPU (unité centrale de traitement):** Composant principal d'un ordinateur ou d'un smartphone qui effectue la plupart des traitements à l'intérieur de l'appareil.
- **Dual SIM:** Une fonctionnalité qui permet à un smartphone de contenir et d'utiliser deux cartes SIM différentes, permettant ainsi deux numéros de téléphone ou forfaits de services sur un seul appareil.
- **Chargement rapide:** Technologie qui permet à la batterie d'un appareil de se charger plus rapidement que les méthodes de chargement standard.
- **GPS (système de positionnement global):** Un système de navigation par

satellite qui fournit des informations de localisation et d'heure dans toutes les conditions météorologiques, n'importe où sur la Terre ou à proximité.

- **IMEI (identité internationale d'équipement mobile):** Un numéro unique utilisé pour identifier les téléphones mobiles et certains téléphones satellites.
- **LED (diode électroluminescente):** Source lumineuse à semi-conducteur qui émet de la lumière lorsque le courant la traverse. Il est utilisé dans divers systèmes d'affichage et de notification des smartphones.
- **NFC (communication en champ proche):** Ensemble de protocoles de communication permettant à deux appareils électroniques, dont l'un est généralement un appareil portable tel qu'un smartphone, d'établir une communication en les rapprochant.
- **OEM (fabricant d'équipement d'origine):** Entreprise qui produit des

pièces et des équipements qu'un autre fabricant peut commercialiser.

- **RAM (mémoire vive):** Une forme de mémoire informatique accessible de manière aléatoire. Il est utilisé par le système d'exploitation, les applications et les données pour garantir le fonctionnement efficace de l'appareil.
- **Fréquence de rafraîchissement:** Le nombre de fois qu'un écran met à jour son image par seconde. Mesuré en hertz (Hz), un taux de rafraîchissement plus élevé donne une image plus fluide.
- **SIM (module d'identité de l'abonné):** Une petite carte utilisée dans les téléphones mobiles qui stocke les données des abonnés aux téléphones cellulaires GSM/CDMA.
- **USB (bus série universel):** Norme industrielle qui établit les spécifications des connecteurs de câbles et des protocoles de connexion, de communication et d'alimentation entre les ordinateurs, les périphériques et d'autres ordinateurs.

- **VoLTE (Voix sur LTE):** Une norme de communication sans fil à haut débit pour les téléphones mobiles et les terminaux de données, y compris les appels vocaux et le transfert de données sur les réseaux 4G LTE.

Questions Fréquemment Posées

Voici quelques questions fréquemment posées sur le Tecno Pova 6 Pro, ainsi que leurs réponses:

- **Question:** Quelle est la capacité de la batterie du Tecno Pova 6 Pro et combien de temps dure-t-elle?
    - **UN:** Le Tecno Pova 6 Pro est équipé d'une batterie de 6000 mAh. La durée de vie de la batterie varie en fonction de l'utilisation, mais elle est conçue pour durer une journée complète d'utilisation modérée à intensive.

- **Question:** Le Tecno Pova 6 Pro prend-il en charge la charge rapide?

- **UN:** Oui, le Tecno Pova 6 Pro prend en charge la charge rapide, vous permettant de recharger la batterie rapidement.

- **Question:** Puis-je utiliser simultanément deux cartes SIM et une carte microSD?
  - **UN:** Le Tecno Pova 6 Pro dispose généralement d'une configuration Dual SIM. Selon le modèle spécifique, il peut proposer un emplacement pour carte microSD dédié ou un emplacement hybride pouvant être utilisé soit pour une deuxième SIM, soit pour une carte microSD.

- **Question:** Le Tecno Pova 6 Pro est-il étanche?
  - **UN:** Le Tecno Pova 6 Pro n'a pas d'indice IP officiel pour la résistance à l'eau. Il est conseillé de garder l'appareil à l'abri de l'eau

et de l'humidité pour éviter tout dommage.

- **Question:** Quel type d'écran possède le Tecno Pova 6 Pro?
    - **UN:** Le Tecno Pova 6 Pro dispose d'un écran AMOLED, connu pour ses couleurs vibrantes et ses noirs profonds.

- **Question:** Comment puis-je améliorer les performances de jeu de mon Tecno Pova 6 Pro?
    - **UN:** Pour améliorer les performances de jeu, vous pouvez utiliser la fonctionnalité Mode Jeu si elle est disponible, fermer les applications en arrière-plan et vous assurer que le logiciel de l'appareil est à jour pour des performances optimales.

- **Question:** Que dois-je faire si mon Tecno Pova 6 Pro est perdu ou volé?
    - **UN:** Si votre appareil est perdu ou volé, vous pouvez utiliser la

fonction "Rechercher mon appareil" pour le localiser, le verrouiller ou effacer ses données à distance. Il est important de configurer cette fonctionnalité à l'avance.

- **Question:** Comment puis-je faire une capture d'écran sur le Tecno Pova 6 Pro?
    - **UN:** Pour prendre une capture d'écran, maintenez enfoncés simultanément les boutons d'alimentation et de réduction du volume. Certains modèles peuvent proposer des méthodes supplémentaires, comme un balayage à trois doigts sur l'écran.

- **Question:** Puis-je supprimer des applications préinstallées de mon Tecno Pova 6 Pro?
    - **UN:** Certaines applications préinstallées peuvent être désinstallées ou désactivées. Pour ce faire, rendez-vous sur **"Paramètres"** >

"Applications", sélectionnez l'application que vous souhaitez supprimer et choisissez "Désinstaller" ou "Désactiver."

- **Question:** Comment vérifier les mises à jour logicielles sur mon Tecno Pova 6 Pro?
  - **UN:** Pour rechercher des mises à jour logicielles, accédez à **"Paramètres" > "Système" > "Mise à jour du système".** Si une mise à jour est disponible, suivez les instructions à l'écran pour la télécharger et l'installer.

Ces FAQ couvrent les demandes les plus courantes de certains utilisateurs concernant le Tecno Pova 6 Pro. Pour des informations ou des préoccupations plus détaillées, reportez-vous au manuel d'utilisation ou contactez le support client Tecno.

A Propos de L'auteur

William C. Wills est un expert technologique renommé et un auteur passionné par la démystification des appareils complexes et par la possibilité pour les utilisateurs de libérer leur plein potentiel. Avec une carrière de plus de deux décennies dans l'industrie technologique, il s'est imposé comme une voix de confiance dans le domaine de l'électronique grand public et de la domotique intelligente.

Né dans la Silicon Valley, l'épicentre de l'innovation technologique, William a été exposé dès son plus jeune âge au monde en constante évolution des gadgets et des gadgets. Cette exposition précoce a déclenché une fascination permanente pour la technologie et un désir de la rendre accessible à tous, quelle que soit leur expertise technique.

Après avoir obtenu un diplôme en informatique de l'Université de Stanford, William s'est lancé dans un voyage qui l'a amené à l'avant-garde de l'industrie technologique. Il a travaillé avec des entreprises de premier plan, contribuant àdévelopper des produits et services de pointe qui ont révolutionné la façon dont nous vivons et interagissons avec la technologie.